Belkiss
Rainha de Sabá,
de Axum e do Himiar
(poema dramático)
Eugénio de Castro
O MELHOR DE
CADA TEMPO

Título Original: *Belkiss: Rainha de Sabá, de Axum e do Himiar*

Autor
Eugénio de Castro

Editor-chefe
Tomaz Adour

Organização, estabelecimento de texto e notas
Maria de Jesus Cabral
e Bruno Anselmi Matangrano

Revisão
Tomaz Adour
e Carol Chiovatto

Diagramação
Marcelo Amado

Capa
Dandi

Introdução e Posfácio
Maria de Jesus Cabral

Apresentação e textos de quarta capa e orelhas
Bruno Anselmi Matangrano

Coleção *O Melhor de Cada Tempo*,
dirigida por Annie Gisele Fernandes e Bruno Anselmi Matangrano

Dados Internacionais de Catalogação na Publicação (CIP) - Angélica Ilacqua CRB-8/7057

C35b

Castro, Eugénio de, 1869-1944
Belkiss : Rainha de Sabá, de Axum e do Himiar / Eugénio de Castro ; estabelecimento de texto e notas Maria de Jesus Cabral e Bruno Anselmi Matangrano ; apresentação Bruno Anselmi Matangrano ; introdução e posfácio Maria de Jesus Cabral. -- Rio de Janeiro : Vermelho Marinho, 2019.
168 p. (Coleção O Melhor de Cada Tempo / dirigida por Annie Gisele Fernandes e Bruno Anselmi Matangrano)
ISBN: 978-85-8265-087-5

1. Teatro português I. Título II. Fernandes, Annie Gisele III. Matangrano, Bruno Anselmi IV. Cabral, Maria de Jesus

CDD 869.2

19-2505

Índice para catálogo sistemático: 1. Teatro português 869.2

VERMELHO MARINHO

EDITORA VERMELHO MARINHO
USINA DE LETRAS LTDA
Rio de Janeiro – Departamento Editorial:
Avenida Gilka Machado, 315 – bloco 2 – casa 6
Recreio dos Bandeirantes – Rio de Janeiro – RJ
CEP: 22795-570
www.editoravermelhomarinho.com.br

REPÚBLICA PORTUGUESA
CULTURA
DIREÇÃO-GERAL DO LIVRO, DOS ARQUIVOS E DAS BIBLIOTECAS

Esta edição conta com o apoio do Diretório-Geral do Livro, dos Arquivos e das Bibliotecas (DGLAB), Secretaria de Estado da Cultura, Governo de Portugal.

BELKISS
Rainha de Sabá, de Axum e do Himiar

EUGÉNIO DE CASTRO

Estabelecimento de texto e notas
Maria de Jesus Cabral
e Bruno Anselmi Matangrano

Apresentação
Bruno Anselmi Matangrano

Introdução e Posfácio
Maria de Jesus Cabral

Sumário

Eugénio de Castro e o Melhor do Teatro Simbolista Português

Bruno Anselmi Matangrano

Eugénio de Castro e Almeida (1869-1944) foi talvez o autor português mais conhecido de seu tempo em escala internacional. Traduzido em várias línguas, na maioria das vezes pouco tempo após suas publicações em território lusitano, tinha também fortes relações com a França, pátria natal do movimento simbolista, onde chegou a ser homenageado em um jantar de grande pompa e circunstância. Sua prolífica correspondência é testemunho de sua importância no cenário internacional, tendo trocado textos, elogios e impressões com grandes celebridades literárias da época, como o belga Maurice Maeterlink (1862-1949), o italiano Fillippo Marinetti (1876-1944), o espanhol Miguel de Unamuno (1864-1936), o nicaraguense Rubén Darío (1867-1916) e o francês Stéphane Mallarmé (1842-1898), que em uma carta datada de fevereiro de 1895, escreveu-lhe:

> Meu caro Poeta,
>
> Obrigado, tardia e fervorosamente, por *Belkiss, Rainha de Sabá*, ainda mais admirado que lido; mas, por esse olhar evocador de colorações e de linhas, riqueza e suavidade, que delas toma, do jeito e da forma certa, a fusão, embora através de um véu de maravilha, uma imprecisa música do conjunto se despreende, talvez, muito misteriosamente e não estranha ao nosso sonho. Nós o seguimos daqui sempre com grande interesse e como um dos nossos; e, eu, entre todos, cumprimento-o admiradamente.
>
> Stéphane Mallarmé.
>
> (*apud* CASTRO, 2016, p. 375, tradução nossa).

Mais conhecido por sua poesia, e, sobretudo, pelo livro *Oaristos* (1890), no qual apresentou seu projeto poético, dando início ao Simbolismo em Portugal, Castro também foi autor de várias obras teatrais, ainda que suas peças não deixem de ser também obras poéticas, ou, "poemas dramáticos", como o próprio autor as nomeava. Dentre estas, *Belkiss: Rainha de Sabá, de Axum e do Himiar* destaca-se por sua beleza lírica, imagens exuberantes e escrita ao mesmo tempo fluida e rebuscada. Publicada pela primeira vez em 1894, durante aquela que viria a ser conhecida como a fase "pessimista" do autor, essa obra "foi traduzida para o italiano em 1896, por [Vittorio] Picca; para o espanhol por Luis Berisso, em 1897; e para o tcheco em 1900, por Arnošt Procházka (1869-1925)" (MATANGRANO, 2019, pp. 27-28). Trata-se de uma obra tipicamente simbolista, na qual se verificam os princípios basilares da poética, seja temática, seja formalmente, como a sinestesia, a sugestão, o pessimismo místico de inspiração schopenhaueriana, o exotismo orientalizante etc.

Inspirando-se vagamente na figura bíblica da Rainha de Sabá e em sua ligação com o Rei Salomão, Eugénio de Castro criou uma heroína com ares modernos e finisseculares, na qual o trágico shakespeariano se cruza com a filosofia de Schopenhauer na medida em que é defendida a negação das vontades como forma de evitar sofrimentos. É uma história sobre a luta contra os desejos e como estes escapam no momento em que são atingidos. Revela-se igualmente como uma trama de questionamentos ontológicos e metafísicos na qual os conflitos hamletianos são evocados. Nesse contexto, o leitor conhece Belkiss, a bela rainha – espécie de Ofélia e Hamlet a um só tempo –, dona de palácios, jardins, joias e frotas, que, inexplicavelmente, apaixona-se por Salomão, rei de Jerusalém, sem nunca o ter visto uma única vez. Desaconselhada por seu principal conselheiro, Zophesamin, a rainha hesita, mas ao fim deixa-se conduzir por seus impulsos, indo contra a filosofia de seu mentor, a despeito das advertências de seu séquito e dos presságios sobrenaturais que, inesperadamente, abatem os seus reinos e subvertem a vida de seu povo.

A presente edição traz o texto das obras completas do autor, conforme a última edição em vida do mesmo, retomando em notas as variantes das duas primeiras edições bem como comentários sobre seu rico vocabulário e inúmeras referências que variam do texto bíblico a *História Natural*, de Plínio, o velho, passando por *A Tentação de Santo Antônio* e *Salammbô*, de Gustave Flaubert, e pela peça de Shakespeare já mencionada. Precedendo o texto de Castro, os critérios de edição e outras curiosidades do texto são belamente apresentados na "Introdução", pela Profa. Dra. Maria de Jesus Cabral, da Universidade de Lisboa, especialista em poesia e teatro finisseculares. A professora também assina o rico posfácio que encerra essa volume, no qual comenta, analisa e situa *Belkiss* no âmbito do projeto poético de Eugénio de Castro.

Belkiss: Rainha de Sabá, de Axum e do Himiar é o segundo volume da coleção *O Melhor de Cada Tempo* dedicado ao teatro português, sucedendo assim *O Labirinto de Creta*, de António José da Silva, lançado em 2016, novamente com o generoso apoio do Governo Português e da Direção-Geral do Livro, dos Arquivos e das Bibliotecas (DGLAB). A coleção *O Melhor de Cada Tempo* é o projeto da Editora Vermelho Marinho de reedição de obras clássicas da literatura mundial, há muito esgotadas, ou ainda inéditas em nosso país, como é o caso das obras de Eugénio de Castro, a despeito de sua importância em escala internacional na conjuntura simbolista, autor do qual também publicaremos a obra *Oaristos*, a primeira e mais célebre recolha de poemas do autor e grande marco inaugural do Simbolismo em língua portuguesa.

Bruno Anselmi Matangrano é pesquisador, editor e tradutor. Bacharel em Letras (português-francês), Mestre e Doutor em Letras (Literatura Portuguesa) pela Universidade de São Paulo (USP); suas pesquisas se concentram sobre as literaturas simbolista e decadentista, escritas em português e francês, assim como sobre as vertentes do insólito ficcional. Dedica-se também às teorias e representações dos animais e dos monstros na literatura e em produções audiovisuais. É membro dos grupos de pesquisa POEM (Poéticas e Escritas da Modernidade), da USP, e "Nós do Insólito: vertentes da ficção, da teoria e da crítica", da Universidade Estadual do Rio de Janeiro (UERJ), assim como do *LÉA!* (*Lire en Europe Aujourd'hui*), rede de pesquisa internacional sediada na Universidade de Lisboa (FLUL). Desde 2012, é coeditor das revistas científicas: *Desassossego*, do Programa de Literatura Portuguesa, e *Non Plus*, da área de francês, ambas da USP. Além disso, codirige a coleção "O Melhor de Cada Tempo", na Editora Vermelho Marinho, ao lado de Annie Gisele Fernandes (USP). Já publicou vários artigos, traduções e contos em revistas, jornais e obras coletivas. É autor do livro *Contos para uma noite fria* (2014) e, com Enéias Tavares, de *Fantástico Brasileiro: o insólito literário do romantismo ao fantasismo* (2018), resultado de um projeto de pesquisa e extensão sediado na Universidade de Santa Maria (UFSM).

Editar *Belkiss*, de Eugénio de Castro

Maria de Jesus Cabral

É sabido que a relação de conhecimento – e de consequente *prazer*, lembrando Roland Barthes (1973) – com o texto literário deve pressupor a apresentação fidedigna desse objeto artístico para que a sua concretização, no ato de leitura, não fique sob caução de apenas *um* material de estudo. Com efeito, nem é preciso invocar o regresso da filologia como componente dos estudos literários neste século XXI, para se sustentar que a fiabilidade e o alcance de qualquer trabalho de análise temático-formal, de *cooperação interpretativa* (cf. ECO, 1979), de avaliação crítica, de estudo comparatista, ou mesmo de pesquisa de inter-relações artísticas, depende, em primeira instância, da edição textual usada. A relação com as obras literárias deveria, pois, por princípio, partir de edições fidedignas desses textos, o que, no entanto, raramente se verifica nos circuitos mais modernos de edição, onde o trabalho ecdótico nem sempre obtém o papel desejado.

Esta premissa teórico-metodológica de validade universal ganha particular relevância quando se quer estabelecer a referida relação de conhecimento e de fruição com a criação literária de escritores em cuja poética é axial a valorização do corpo dos significantes e cuja prática de escrita se efetiva em coerência com essa opção estética – de modo que todos os elementos, por menores que pareçam, se tornam pertinentes, distintivos e fecundos em termos estilísticos e semânticos.

É isso que ocorre em grau superlativo na obra de Eugénio de Castro, de acordo com a sua "ética do esteticismo" (PEREIRA, 1990, pp. 67-68), especialmente no período de mais fervorosa adesão à estética da sugestão do Simbolismo – tendência literária onde a importância dos processos fônico-rítmicos e óptico-grafemáticos, igualam, quando não superam, a dos aspetos métrico-versificatórios, e onde os processos técnico-compositivos conferem ao poema um certo hibridismo genológico – como se verifica designadamente nos poemas dramáticos *Belkiss* (1894), *Sagramor* (1895), ou *O Rei Galaor* (1897). Ora, em contrapartida, verificamos que, excetuando o recente e meritório trabalho filológico em língua italiana de Matteo Rei sobre *Belkiss* (CASTRO, 2016), nenhuma obra em língua portuguesa cumpriu até hoje esse desígnio no que respeita à produção de Eugénio de Castro. Logo, afigurou-se imprescindível que àquele esforço se articulassem outros trabalhos que abrissem luz sobre o processo de criação de Eugénio de Castro.

O trabalho de crítica textual que aqui se oferece tem também como desígnio resgatar a recepção do escritor da menorização preconceituosa a que se viu sujeito – em irônico contraponto à aura de inovador e mestre, ao prestígio internacional e à influência na literatura modernista hispânica de que pôde orgulhar-se (cf. PEREIRA, CABRAL, 2012).

O nosso trabalho de estabelecimento de texto teve por base a última edição revista pelo autor, neste caso, a edição da Editora Lúmen (volumes publicados entre 1926 e1944), versão que se presume corresponder à sua derradeira vontade expressa. O seu cotejo com a primeira e segunda edição, publicadas em 1894 e 1909, e designadas, respetivamente por *(A)* e *(B)*, obedeceu a uma ordem cronológica, permitindo-nos registar uma constelação de pequenas e, por vezes, relevantes variantes textuais de potencial valor filológico e estilístico. Revestem, pois, grande interesse para um mais amplo conhecimento do poeta e uma melhor compreensão da sua evolução criativa numa época de grande viragem estética, entre o fim-de-século e o Modernismo, da qual nascerão os mentores da geração *ORPHEU*.

A fixação textual obedeceu a parâmetros consensuais da metodologia ecdótica. Assim, procedemos à atualização e regularização ortográficas, corrigimos (sem anotação) pequenas gralhas gramaticais ou tipográficas facilmente identificáveis, exceto nos casos em que a configuração gráfica se possa traduzir numa alteração relativamente ao sentido do texto. Assim, o grupo "*ph*" foi reduzido a "f" e, ainda que visualmente *significante*, o uso do "y" foi substituído por "i". O "*sc*" e as consoantes duplas do tipo "*ll*" (por exemplo em "scismaticos" e "callados") foram modernizados para "c" e "l" respetivamente. As restantes palavras foram normalizadas de acordo com a sua ortografia atual (por ex.: *quási* – quase). No que respeita aos termos raros ou inabituais tão característicos de Eugénio de Castro (neologismos, estrangeirismos, topônimos e antropônimos, especificados e explicados em notas de rodapé) manteve-se a sua configuração gráfica, exceto no que toca às consoantes geminadas e, obviamente, excetuadas às palavras estrangeiras já em itálico no original. Igualmente excetuamos de atualização as palavras que se verificaram parte da poeticidade individualizante do autor, dada a sua recorrência sistemática e a sua sonoridade distintiva (*cousa, oiro)*. Já no que diz respeito à transcrição de variantes, adotou-se o princípio de respeito completo da ortografia das edições correspondentes, pelo interesse linguístico e histórico que as grafias mais antigas possam revestir.

Regularizamos a utilização do hífen para separar designadamente os pronomes enclíticos e mesoclíticos, bem como o uso de apóstrofes em contrações do tipo *n'outro*. Mantivemos, contudo, opções de efeitos fonéticos, como em *p'la*, *pl'a*, *co'a* etc., atendendo ao valor rítmico-semântico que tais variações podem assumir. Também no que toca à enfatização através do uso de letras maiúsculas, seguimos as opções do escritor, em clara consonância com uma prática comum entre os simbolistas.

Observamos um grande número de alterações no que respeita à pontuação, que, pelas circunstâncias histórico-linguísticas referidas anteriormente, podem ter sido da responsabilidade do compositor tipográfico. Essas variantes de pontuação são assinaladas através do sinal "[ ]"[1]. Cientes do valor rítmico da pontuação, evitamos fazer alterações. Ainda assim, as poucas modificações introduzidas – em termos de supressão ou de adição – são devidamente assinaladas nos casos em que têm repercussão no sentido do texto. O mesmo se verifica em relação à disposição gráfica das estrofes, que apresenta pequenas variações de edição para edição. Apesar disso, procuramos manter o compromisso entre o texto e a gestão tipográfica da nossa edição, em concordância com as normas editoriais.

A fiel manutenção da intenção gráfico-expressiva de Eugénio de Castro só seria possível se tivéssemos podido examinar as versões manuscritas, inexistentes, a nosso conhecimento e investigação. A relevância deste trabalho pode argumentar-se se se considerar que apenas em livreiros antiquários ou em bibliotecas – algumas fora de Portugal, como em França ou Espanha, como é o caso de *Belkiss* –,

1 O espaço em branco entre colchetes indicará ausência de pontuação.

conseguimos encontrar as primeiras edições das obras de Eugénio de Castro.

Resta-nos desejar ao leitor uma viagem profícua na relação filológica, crítica, comparatista, mas acima de tudo dialogicamente singular, que souber criar com a obra do autor. E perante o elogio da Beleza que o poeta tanto glorificou, como não lembrar o célebre ditame de Mallarmé "tudo no mundo existe para desembocar no Livro" [*Tout, au monde existe pour aboutir au Livre*] (MALLARMÉ, 2003, p. 224).

Maria de Jesus Cabral é investigadora e professora da Faculdade de Letras da Universidade de Lisboa (FLUL). Doutorou-se em 2005 com uma tese sobre o teatro de Mallarmé e Maeterlinck na Universidade Católica Portuguesa. Desenvolveu a sua investigação de pós-doutoramento em torno da evolução do teatro poético português entre Simbolismo e Modernismo (com ênfase em Eugénio de Castro e Fernando Pessoa) nas Universidades de Antuérpia e de Coimbra (2008-2012) e sobre a relação entre teatro e medicina na Faculdade de Letras da Universidade de Lisboa (2013-2019). É atualmente co-coordenadora do grupo de investigação em leitura literária *LÉA! Lire en Europe Aujourd'hui* e presidente da APEF – Associação Portuguesa de Estudos Franceses. As suas áreas científicas de interesse são a poética simbolista e modernista numa perspectiva comparada e interdisciplinar, nas suas relações com o teatro, a leitura literária e a tradução, bem como a relação entre Literatura e Medicina. É autora do livro *Mallarmé hors frontières* (2007), e de uma centena de trabalhos em publicações nacionais e internacionais. Entre as suas publicações mais recentes, co-editou: *Un Vase clos par son immensité même. Mélanges francophones sur l'oeuvre de Maurice Maeterlinck* (2019) e *Le Toucher, prospections médicales, artistiques et littéraires* (2019).

BELKISS
Rainha de Sabá, de Axum e do Himiar[2]

EUGÉNIO DE CASTRO

2 *(A)* "Desta edição fez-se uma tiragem especial de três exemplares assim numerados: Número 1, em pergaminho; Número 2, em papel do Japão; Número 3, em papel da china". *(B)* "Desta edição fez-se uma tiragem especial de seis exemplares em papel Whatman, numerados e rubricados pelo autor". Na segunda edição, de 1909, publicada por Francisco França Amado, o título vem acompanhado do subtítulo "Poema dramático em prosa".

2. Et ingressa Ierusalem multo cum comitatu & divitiis, camelis port-antibus aromata, & aurum infini-tum nimis, & gemmas pretiosas, venit ad regem Salomonem, & locuta est ei universa quae habebat in corde suo[3].

....

13. Rex autem Salomon dedit reginae Saba omnia quae voluit & petivit ab eo; exceptis his, quae ultro obtulerat ei munere regio. Quae reversa est, & abiit in terram suam cum servis suis[4].

LIBER REGVM TERTIVS,

Caput X.[5]

3 "[1. A Rainha de Sabá, tendo ouvido falar de Salomão e da glória do Senhor, veio prová-lo com enigmas.] 2. Chegou a Jerusalém com uma numerosa comitiva, com camelos carregados de aromas, e uma grande quantidade de ouro e pedras preciosas. Apresentou-se diante do rei Salomão e disse-lhe tudo o que tinha no espírito" (BÍBLIA SAGRADA, 1998, p. 379).

4 "13. O rei Salomão deu à rainha de Sabá tudo o que ela desejou e pediu, além dos presentes que ele mesmo lhe fez com real liberalidade. E a rainha retomou o caminho de volta com a sua comitiva" (BÍBLIA SAGRADA, 1998, p. 380).

5 O trecho citado como epígrafe e identificado como sendo do Capítulo 10, do "Terceiro Livro dos Reis", segue a divisão bíblica da chamada *Septuaginta*, a primeia tradução completa da Bíblia para o idioma grego. No entanto, em sua forma atual, este livro é nomeado como "Primeiro Livro dos Reis", ou simplesmente, "I REIS", uma vez que os outrora chamados "Primeiro e Segundo Livros dos Reis", atualmente são conhecidos como "I Samuel" e "II Samuel".

DRAMATIS PERSONAE

SALOMÃO, rei de Israel.

DAVID, filho de Salomão, e de Belkiss.

ZOPHESAMIN, velho sábio, mentor de Belkiss.

HORSIATF, mordomo-mor de Belkiss.

HADAD, rei de Edom[6].

NASTOSENEN, comandante de uma frota.

ZABUD, privado de Salomão.

AHIZAR, mordomo-mor de Salomão.

AMENEMOPIT, astrólogo egípcio, ao serviço de Belkiss.

UM SACERDOTE DE ÁMON.

UM ESTRANGEIRO.

UM ENVENENADO.

UM CAMINHANTE.

UM MENSAGEIRO.

BELKISS, rainha de Sabá, de Axum e do Himiar[7].

EGLA, prima de Belkiss.

LADIKÉ, escrava de Belkiss.

---

6 Edom era um antigo reino, que estendia seus territórios nas regiões atualmente pertencentes à Cisjordânia e a uma parcela norte da Arábia Saudita. Perdurou entre os séculos VIII e VI a. C. A bíblia atribui sua fundação a Esaú, irmão de Jacó.

7 Sabá, Axum e Himiar foram três importantes reinos rivais da Antiguidade Clássica que sucessivamente estenderam-se nas atuais regiões da Etiópia, Djibuti e Eritréia, no continente africano, e do Iémen, na Península Arábica à medida que conquistavam um ao outro. Ao sobrepor as três civilizações, Eugénio de Castro enfatiza o extenso poder de Belkiss.

HANNAH, escrava de Belkiss.

UMA DOIDA.

A SOMBRA DA RAINHA ISIMKHIB, mãe de Belkiss.

UM PAPAGAIO.

Nobres e ricos de Sabá, jerosolimitanos e escravos.

I
PRELÚDIO

– Uma sala no palácio real de Axum. Do chão, ladrilhado de basalto verde, sobem grandes colunas de pórfiro, mordidas de inscrições e coroadas por capitéis de bronze, em açucena[8]*. Nos intercolúnios, fartas colchas de linho do Egito*[9]*, bordadas a seda. Ao fundo, iluminando o aposento, uma galeria aberta, ornamentada com arbustos aromáticos, dispostos em cestos de oiro. As duas escravas, Hannah e Ladiké, cingidas por túnicas de riscas amarelas e vermelhas, estão sentadas no chão, a fiar*[10]*.*

HANNAH
A rainha deu-me este colar de âmbar...

LADIKÉ
E a mim deu-me este escaravelho de lápis-lazúli...

---

8 "Basalto" e "pórfiro" são tipos de rochas vulcânicas de cor escura e textura porosa. "Capitel" é a parte superior de uma coluna. Já "açucena" é o termo popular para designar algumas espécies de flores semelhantes a lírios.

9 Para facilitar a leitura do público brasileiro, a ortografia foi atualizada segundo o Novo Acordo Ortográfico, eliminando, assim, as consoantes mudas típicas da variante lusitana.

10 *(A)* Didascálias em fonte vermelha.

HANNAH

Vão lá entendê-la! Ora nos dá pancada, ora nos enche de joias…

LADIKÉ

Ontem, num acesso de cólera, lançou ao rio todos os anéis que tinha nos dedos…

HANNAH

Aquele amor há-de ser a sua morte…

LADIKÉ

E então que doidice de amor! Dizem que Salomão é lindo e sábio como um deus; mas como pode ela amá-lo, se nunca o viu?

HANNAH

Ama-o pelas maravilhosas coisas que dele tem ouvido. No seu entender, nenhum mortal vale um bago de romã ao pé do filho de Bethsabea...

LADIKÉ

Todos os outros reis lhe parecem néscios[11] e feios…

HANNAH

Pena foi que Amraphel, aquele lindo rei de Sinear[12], que se matou por via de Belkiss, não lhe aparecesse mais cedo, antes de ela se enamorar de Salomão…

---

11 Mesmo que "ignorante", "estúpido".

12 Nome de um reino presente na Bíblia Hebraica, que corresponderia à parte sul da Mesopotâmia, no coração do Oriente Médio.

LADIKÉ

O rei Amraphel era tímido e esbelto[13]... Parecia uma princesa vestida de homem...

HANNAH

Ainda me lembro de quando ele chegou a Adulis[14], onde então estávamos...

LADIKÉ

Vinha anunciado por trinta trombetas de prata... Os aromas dos seus vestidos perfumaram toda a cidade...

HANNAH

Parece que foi ontem... A rainha estava no terraço, à sua espera, e lançou-lhe flores, quando ele passou embaixo...

LADIKÉ

Foi desse terraço que ele se precipitou quando a rainha lhe disse que não...

HANNAH

E foi de lá que a rainha desfolhou rosas brancas sobre o cadáver...

LADIKÉ

Ao anoitecer, o cadáver de Amraphel estava coberto de rosas...

---

13 *(A)* "loiro e palllido".

14 Antigo porto do Reino de Axum. Atualmente, um importante sítio arqueológio na Eritréia, no nordeste do continente africano. Eugénio de Castro grafa o nome da cidade à francesa. Em português, a palavra é acentuada na segunda sílaba: "A*dú*lis".

HANNAH

E no dia seguinte, apareceu todo coberto de borboletas brancas… Ao princípio, julguei que era o vento que levantava as folhas das rosas... E, de repente, da boca de Amraphel saiu uma grande borboleta branca, que subiu… subiu... subiu… e entrou pela boca de Belkiss… Dizem que a rainha mandou arrancar o coração de Amraphel…

LADIKÉ

É verdade… Pô-lo a macerar numa infusão aromática, e depois, metendo-o num saquinho de púrpura, fez dele uma pela[15] para jogar…

HANNAH

E dizem que, há dias, Belkiss deixou cair a pela no mosaico, e que, lá de dentro, o coração soltou um ai, como se o tivessem magoado…

LADIKÉ

Há já três dias que Belkiss não fala em ir ter com Salomão, a Jerusalém…

HANNAH

Mas não lhe faltará vontade... Se não fala nisso, é porque receia as reprimendas do velho Zophesamin. Zophesamin odeia os prazeres da carne, diz que a luxúria é a origem de todos os males, e, como estima paternalmente a rainha, quer livrá-la de amarguras conservando-a casta.

---

15 A "púrpura" é uma cara substância de um tom roxo-avermelhado extraída de um molusco e muito popular na Antiguidade. Já uma "pela" – pronuncia-se com o *E* aberto – é uma espécie de bola usada em vários jogos tradicionais.

LADIKÉ

Zophesamin, querendo torná-la feliz, dar-lhe-á a morte. Belkiss não pôde sofrer mais as tiranias da continência... Passa os dias e as noites contrariando a natureza, procurando obter, com mortíferos simulacros, as sonhadas delícias que a sua idade requer e que o destino obstinadamente lhe nega. Em volta dos seus olhos há canteiros de violetas...

HANNAH

Anda doente... Às vezes, parece que se despede para o outro[16] mundo... Nos seus olhos há mãos pálidas dizendo adeus com véus[17] brancos...

LADIKÉ

Às vezes, revolve-se tanto no leito, agita por tal forma o corpo, que dir-se-ia[18] que a sua virgindade quer quebrar-lhe os ossos e rasgar-lhe as carnes para fugir, como uma águia presa numa gaiola estreita...

A VOZ DE BELKISS

ao longe:

La...di... ké!...... La...di... ké!...

---

16 *(A)* "outro mundo".

17 *(A)* "lenços".

18 *[sic]* A regra da próclise obrigatória após pronome relativo não é seguida nesta e em outras ocorrências. Também não são seguidas outras regras que exigiriam a próclise. Dada a escolha sistemática, não assinalamos as demais ocorrências e mantivemos a colocação pronominal conforme o texto original para não alterar a cadência e o ritmo da prosa poética de Eugénio de Castro.

LADIKÉ
levantando-se para sair:
Lá está Belkiss a chamar por mim…

A VOZ DE BELKISS[19]
La… di… ké!...... La… di… ké !...

UM PAPAGAIO
na galeria próxima :
Ladiké! Ladiké!

19 (*A*) "ao longe".

II
À ESPERA DA LUA

– Um alto mirante, no jardim real de Axum. Do teto, assente sobre colunelos de granito rosado, de Siena, por entre os quais se vê a paisagem, pendem duas grandes caçoilas de cobre esmaltado, onde fumegam resinas aromáticas... Cingida por uma lunática túnica de lã branca, bordada a fio de prata; de pé; os braços caídos; os dedos cheios de rubis; a cabeça inclinada para trás, como se os cabelos, orvalhados de limalha de ouro, lhe pesassem muito: Belkiss segue, melancolicamente, o voo das íbis... Ao crepúsculo... Pela abertura da escada, que leva ao jardim, aparece Ladiké.

LADIKÉ
Aqui me tens, rainha...

BELKISS
É quase noite, Ladiké... Corre ao jardim, a levar as minhas ordens: o jardineiro que prepare os repuxos[20] e as harpistas que partam, imediatamente, para além, para o horto das macieiras... Apenas rompa o luar, quero que os repuxos cantem e que as harpas gemam... Ouviste?

---

20 O mesmo que "chafarizes".

LADIKÉ
Ouvi, rainha.

BELKISS
Mas repara bem: que as harpistas vão para o horto das macieiras. Não as quero muito próximas de mim... A distância amacia[21] os sons... Dos sons mais ásperos faz penugens de sons, nuvens de sons[22]... Que vão para longe, ouviste?

LADIKÉ,
saindo:
Ouvi, rainha.

BELKISS
É quase noite... E ainda uma noite sem o meu senhor... ainda uma noite sem beijos... sem carícias...

Passos de alguém que sobe... Pela abertura da escada, lívido[23] como um ressuscitado, assoma[24] o vulto ossudo e esguio de Zophesamin. Zophesamin tem mais de oitenta anos: as barbas, de prata, cobrem-lhe o peito. Na cabeça traz uma mitra, donde pendem, tapando-lhe as orelhas e descendo-lhe até aos sovacos, duas tiras de estofo duro e retesado; sob o amiculum de lã branca, veste um clasiris de lã azul; à cintura, um saquitel cheio de omoplatas de cinocéfalo[25] e de cordeiro, cobertas de inscrições.

---

21 (*A*) "avelluda".

22 (*A*) "sons de veludo pálido".

23 (*A*) " pavoroso".

24 (*A*) "levanta-se".

25 A "mitra" é o nome dado ao chapéu pontudo usado pelos antigos assírios, egípcios e persas, bem como do chapéu atual de bispos e cardeais católicos. "Amiculum" é a forma latina da palavra "amículo", isto é, um pequeno manto

ZOPHESAMIN

Os teus olhos, Belkiss, estão claros como o céu depois de uma grande chuva. Por que estiveste a chorar?

BELKISS

Porque estou longe do meu senhor…

ZOPHESAMIN

Ámon-Rá-Harmakhis[26] o conserve sempre bem distante!

BELKISS

Não digas isso, amigo… Quero ser de Salomão…

ZOPHESAMIN

Antes os tigres te comessem! Antes ficasses sem sepultura sobre um monte de esterco!

BELKISS,

começando a chorar:

Todos me querem mal… Até tu me maltratas…

ZOPHESAMIN

Sossega… tonta... amiguinha... Põe os olhos nestes olhos fundos como cisternas…

---

usado sobre os ombros. O "clasiris", mais conhecido pela grafia "calasiris" é uma espécie de túnica longa, tipicamente egípcia. Um "saquitel" é literalmente um saco muito pequeno. Já um "cinocéfalo" é uma criatura mítica de corpo humano e cabeça canina, como o deus Anúbis, da mitologia egípcia; atualmente, o termo também é usado para designar primatas de rosto alongado e caninos salientes, como os babuínos.

26 Ámon, Rá e Harmarkhis são três divindades egípcias cujas histórias acabaram por se sobrepor. Ámon, inicialmente era uma divindade dos ventos, mas se tornou uma divindade solar quando sua figura foi associada às divindades solares Rá e Harmarkhis.

BELKISS

pregando os olhos nos de Zophesamin:
Estou a vê-los…

ZOPHESAMIN

chamando-a e puxando-lhe, brandamente, os braços:
Aproxima-te mais… mais… como se quisesses beijar-me… Assim… assim… Olha bem para o fundo dos meus olhos, das minhas cisternas…

BELKISS

Parecem cheios de água... Ah!... e como são fundos… e como a água é clara!

ZOPHESAMIN

São fundos, são… E diz cá, Belkiss, no fundo, muito no fundo, não vês nada?

BELKISS

Não… não… não vejo nada… Ah!... vejo… vejo…[27] qualquer coisa, mas não sei bem o que seja… Espera… não te mexas, quero ver o que é… Parece uma luzinha… uma luz de ouro… Ah!... que lindo !... Uma luz a arder dentro de água… E não aquece a água… a água parece fresca… Não te mexas… deixa-me ver mais um bocadinho... Ah!...

ZOPHESAMIN

sentando-se:
Esta luz, Belkiss, é toda a minha riqueza.

---

27 *(A)* "Ah!... vejo… vejo…vejo".

BELKISS
E quem ta deu?

ZOPHESAMIN
Comprei-a.

BELKISS
Quero uma igual, amiguinho, quero uma igual!

ZOPHESAMIN
Não poderás ter uma igual… São muito caras...

BELKISS
Mas… se eu sou tão rica! Se até os meus condenados estão presos por correntes de oiro...

ZOPHESAMIN
São muito caras, amiguinha; todas as tuas riquezas seriam poucas para uma compra semelhante…

BELKISS
Quanto deste pela tua?

ZOPHESAMIN
Muito.

BELKISS
Muito oiro, muitas pedras finas?

ZOPHESAMIN
Não… Toda a minha alegria…

BELKISS

Ah!

ZOPHESAMIN

A luzinha, que viste no fundo dos meus olhos, tem um nome, chama-se Verdade. Ficam próximos de Deus todos os que a possuem, mas essa semi-divindade raros a logram, porque a luzinha é deveras biqueira, rejeita todas as comidas vulgares. Quem a quiser clara, como o sol, tem de a sustentar com desgostos e martírios… Já fui novo como tu, Belkiss, novo e belo[28]; tive no meu peito um jardim de sonhos, sonhos de amor, de glória, de opulência… Mas, ai de mim! Ai de nós! Mal um sonho se fazia realidade, por mais dourado que fosse, logo se desdourava… A pouco e pouco, o meu lindo jardim foi-se tornando num jardim de palácio amaldiçoado, jardim de um palácio onde se cometeu um grande crime... A inocência fugiu-me da alma e prendeu-se-me nas barbas: aos trinta anos tinha os cabelos de neve… Um dia, fechei os olhos, para ver melhor, e, cá no fundo da minha alma, avistei então a luzinha, que apontava como uma estrela... Estrela, que só servirá para os outros, para afastar os outros dos perigos em que vão cair. Para mim,[29] dura serventia tem, pois me deixa ver às claras o que sempre deverá existir às escuras... a minha pobre alma…

BELKISS

enternecida:

Meu velhinho!

---

28 *(A)* e *(B)* "lindo".

29 *(A)* e *(B)* "cair, que para [ ]".

ZOPHESAMIN
abrindo o saquitel e mostrando as omoplatas:
Vês estes ossos? Quem seguir o que neles se aconselha, diminuirá as suas dores, que o querer suprimi-las de todo é querer agarrar a lua ou tolher o mar... São os ditames da minha experiência: assim eles entrassem nos teus ouvidos e a tua alma não fosse surda.

BELKISS
Que queres dizer?

ZOPHESAMIN
Quero dizer, que és mais desgraçada que as escravas que andam pelos caminhos, apanhando os excrementos dos camelos...

BELKISS
Zophesamin!

ZOPHESAMIN
Mais te valera ser úlcera de pobre, mais te valera ser piolho ou sapo, mais te valera ser a pedra que os britadores estão britando, que ser o que és, pobrezinha no meio de tantas riquezas!... Tens a alma cheia de víboras...

BELKISS[30]
De víboras?

ZOPHESAMIN
Sim, de víboras, de desejos, que te hão-de causar mais dores que vinte cancros abertos nesses peitos...

---

30 *(A) "aterrada".*

BELKISS

lastimosa:

Até as feias são beijadas e enleadas com amor! E eu, eu que sou linda – como a água do meu banho me tem mostrado, vivo aqui, pobre flor estéril! Gelada pelas tuas palavras, petrificada pelos teus conselhos, amordaçando os meus desejos e amamentando o meu tormento, que me morde como um escorpião! Para que nasci eu com uma tão linda boca?

ZOPHESAMIN

Para que a conserves pura, se a quiseres conservar linda...

BELKISS

Piedade! Piedade! Zophesamin! Não me digas isso! Cala-te, por piedade! Cala-te! Não te quero ouvir!

ZOPHESAMIN

Hás-de ouvir-me, enquanto não mandares que me cortem a língua. Ingênua cabecinha, a tua!

BELKISS

Tem dó de mim!... Ah! Mas eu não posso estrangular este grande amor, como tu queres! Vê como ando: quase que não como, e as insônias contam-se pelas noites... Nunca vi Salomão, mas amo-o com um amor que me dará a morte, se eu não lhe der vida... Onde encontrarei um príncipe que melhor me mereça? Ah!... e como deve ser bom vê-lo ajoelhado a meus pés, ele que tem o mundo inteiro ajoelhado em torno de si!

ZOPHESAMIN

Que ideia fazes de Salomão! Salomão ama as mulheres, como tu amas as pedras preciosas: gosta de ter muitas. Não se contentou com a linda Vaphres, sua esposa legítima, e mandou fazer um harém onde possui trezentas concubinas... Se fosses ter com ele, talvez te beijasse, talvez... mas, no dia seguinte, toda te vestirias de humilhação, porque, se lhe perguntassem o teu nome, não saberia dizê-lo[31], tão pouco caso teria feito de ti...

BELKISS

Embora, quero ser dele! Amo-o com um amor de fogo!

ZOPHESAMIN

É esse o teu mal. O amor é como a carne que comemos: apodrece com o calor e conserva-se por longo tempo no gelo.

O amor deve ser frio para ser duradoiro.

BELKISS

Mas que queres tu que eu faça? Como posso eu ser senhora de quem sou escrava? Ah! Tu não compreendes o meu martírio! No meio dos meus frenesis noturnos, ergo-me, quase nua, os olhos em labaredas, os seios arquejantes, como cisnes moribundos, e subo àquele alto terraço, onde os notívagos de Axum me veem errar, de cabelos soltos e braços em súplica, como um fantasma... Ainda ontem, Zophesamin, num acesso de amargura, ter-me-ia precipitado lá do alto[32], se um sentimento de altivo pudor não me fizesse passar por diante dos olhos a imagem deste corpo

---

31 *(A)* [.].

32 *(A)* "do alto do terraço".

inviolado, estendido embaixo sobre as lajes, reduzido a uma massa informe, ensanguentada e repugnante, e profanado pelos olhares dos meus vassalos... Mal me deito, tentando afogar no sono esta obsessão devoradora, sinto-me rodeada de visões, que me prostram em quebrados delíquios, perco a vista, e julgo que a minha cabeça vai a rolar por um abismo cheio de ravinas e de quedas de água, e que vou pelo ar, caída de uma torre altíssima... Ora me sinto sobre uma fornalha, ora começo a tremer[33] com frio... Como se estivesse embriagada, o meu leito move-se numa rotação desapiedada, que me dá esvaimentos dolorosos e calafrios de agonizante, e me aperta, estranguladoramente, o pescoço... Ah! Eu não posso mais! Quero beijos! Quero os beijos de Salomão!

ZOPHESAMIN

Sossega, Belkiss[34], não te digo que enjeites esse amor, mas acho que deves purificá-lo... Guarda-o bem guardado, como uma joia de grande valor no fundo de uma arca; torna-o discreto, espiritual e vago, como essas luas que nascem pouco depois do meio-dia, nos dias de sol.

BELKISS

Quero os beijos de Salomão!

ZOPHESAMIN

Ouve, Belkiss... Julgas que os beijos de Salomão são mais doces que o mel, não é verdade?

---

33 *(A)* e *(B)* "a chorar".

34 *(A)* [.].

BELKISS

É verdade.

ZOPHESAMIN

E sentes um vivo prazer quando antevês a possibilidade de os receber, não é certo?

BELKISS

É certo, Zophesamin, um prazer doido...

ZOPHESAMIN

Pois bem, continua a sonhar essa delícia, mas não a queiras colher. A realidade é mais amarga que o heléboro[35]. É doce o desejar... mas realizar um desejo é matar esse desejo... A posse deprecia os objetos amados. Só são felizes aqueles que constantemente criam desejos irrealizáveis, cegamente persuadidos de que hão-de realizá-los... Põe os olhos em ti: mal vês uma joia, enamoras-te dela e não descansas enquanto não a possuis; mas, assim que a adquires, morre todo o encanto, enfastias-te dela. Quantos anéis, quantos colares, quantos braceletes não terás tu, que, depois de ardentemente ambicionados, não te enfeitaram mais que uma vez? Não é assim, Belkiss?

BELKISS

É, assim, é...

35 O "heléboro" é uma planta venenosa de sabor bastante amargo, utilizada antigamente como medicamento contra loucura, ingerido em pequenas quantidades.

ZOPHESAMIN

Dantes, quando ouvias falar no palácio e nos jardins reais de Adulis, supunhas que nada existia no mundo que lhes fosse comparável. Cheia de curiosidade, partiste para lá, como quem parte para um distante mundo encantado. No primeiro dia, andaste deslumbrada, como num sonho; mas no dia seguinte… lembras-te?

BELKISS

Bem me lembro... Enfastiei-me e voltei para Axum…

ZOPHESAMIN

Assim te enfastiarias dos beijos de Salomão, se ele tos desse. Sonha… sonha… e não despertes… Não há acordar tão amargo como o que apaga um sonho doce; e, para quem sonha, o barulho dos beijos é mais estrepitoso que o das catapultas. Um beijo é uma bátega[36] de água, despertando um pastor, que estivesse a sonhar ao relento, a sonhar que dormia com uma princesa...

BELKISS

Terás razão, terás, Zophesamin, mas mais forte que a tua razão é o meu amor…

ZOPHESAMIN

Um amor forte! Que ingenuidade a tua! Acharia menos estranho ver sete luas no céu e ouvir rochedos a cantar…

---

36 Espécie de recipiente para transporte de líquidos.

BELKISS

Exageras, Zophesamin; não vês como Egla e Horsiatf bebem os ares um pelo outro, e há tanto tempo?

Vozes e passos, embaixo, no jardim.

ZOPHESAMIN

Que vozes são aquelas?

BELKISS

debruçando-se, a escutar, sobre a balaustrada do mirante: São as vozes de Egla e Horsiatf... Ouves?... Anda cá, Zophesamin, mas muito devagarinho, para que eles não deem conosco... Vem ouvir o que eles dizem, e depois me dirás se tens razão.

De fora, chegam pombas, cujo bater de asas é como um sacudir de sedas brancas. Debruçados, Belkiss e Zophesamin escutam em silêncio.

A VOZ DE EGLA

Vou partir, Horsiatf, partirei amanhã...

A VOZ DE HORSIATF

Mas por que não ficas?

A VOZ DE EGLA

Só tu me prendias aqui com o teu amor... Esse amor morreu... Para que hei-de eu ficar?[37]

---

37 (*A*) "[...]".

A VOZ DE HORSIATF

Tens razão, tens... Se ficasses, teríamos de fingir, e os bons nunca fingem. Os nossos corações são dois namorados paralíticos, sentados um defronte do outro: querem beijar-se e não podem… É necessário afastá-los para lhes minorar o sofrer… Bem lhes basta a paralisia…

A VOZ DE EGLA

O amor, que julgávamos eterno, é hoje um amor de doentes, um amor de outono, um amor moribundo... E o pior é que ambos reconhecemos isto... Sofremos como se estivéssemos assistindo à agonia de uma filha.

A VOZ DE HORSIATF

Parece que estão a cair folhas secas no meu coração...

A VOZ DE EGLA

E os nossos beijos são sombras de beijos, fantasmas de beijos… Onde estarei eu amanhã, a estas horas? Muito longe…

A VOZ DE HORSIATF

Tudo acabado!... Tens razão, tens, deves partir… O nosso amor já não merece sacrifícios: é como aqueles velhinhos quase idiotas, com quem ninguém se importa.

A VOZ DE EGLA

Como os nossos beijos perderam o sabor que tinham! Os nossos beijos de agora são sombras de beijos...

A VOZ DE HORSIATF

É verdade... Beijo-te as mãos... e é como se beijasse as minhas mãos...

A VOZ DE EGLA

E como somos leais! Não fingimos, sentimos a agonia do nosso amor, e, em vez de lhe fugirmos, temos a coragem de assistir a ela, como se estivéssemos à cabeceira de uma irmã moribunda, de uma irmã muito amada...

A VOZ DE HORSIATF

Está fria, a noite...

A VOZ DE EGLA

Até ao sol teríamos frio... Adeus, Horsiatf...

A VOZ DE HORSIATF

Adeus, Egla...

Os passos de Egla e de Horsiatf apagam-se a pouco e pouco, na sombra... Belkiss e Zophesamin voltam para o interior do mirante.

ZOPHESAMIN

Ouviste, Belkiss?

BELKISS

Parece-me que estive sonhando...

O horizonte começa a pratear-se… As cinzas do crepúsculo afligem e suspendem a respiração da paisagem... Num bosque de tamarindeiros, acende-se um palácio de prata, para a boda, talvez, de dois príncipes encantados. O palácio está todo iluminado, mas, súbito! começa a arder, e as labaredas iluminam o céu... E o palácio arde e vai a subir: é a lua, que aparece finalmente…[38] *As harpas distantes respondem aos repuxos... os repuxos, numa voz sem esperança, como que chamam por uma princesa perdida… e as harpas andam a procurá-la e gemem porque a não encontram... Os pavões fazem grande alarido em torno dos lagos, que parecem cobertos por grandes teias de aranha, orvalhadas…*

38 *(A)* "E o palácio arde e vai a subir… Finalmente aparece a Lua… As harpas distantes…"

III
ÁMON-RÁ-HARMAKHIS

– *A praça dos Obeliscos, em Axum. Ao fundo, o palácio real, todo de alabastro*[39] *azul, com as suas majestosas escadarias flanqueadas de esfinges, e os seus terraços e cúpulas perdendo-se nas nuvens. No meio da praça, um brilhante grupo de Nobres e Ricos, mitrados e vestidos de púrpura.*

UM ESTRANGEIRO
Que faz aqui toda esta gente?

UM ESCRAVO
Está à espera do sacerdote de Ámon.

O ESTRANGEIRO
Para quê?

O ESCRAVO
Para pedir a Ámon que prepare o regresso da frota perdida...

O ESTRANGEIRO
Qual frota?

39 Material calcário bastante poroso usado em decoração.

O ESCRAVO

A frota que o velho rei, pai de Belkiss, mandou à cata de riquezas, de preciosidades... Já lá vão quatro anos! Seguindo o exemplo dos príncipes da Arábia e da Síria, o rei mandou fazer um grande estaleiro no cais de Sabá, donde a frota partiu num lindo e claro dia, dia epagómeno[40], por sinal… Nastosenen era o comandante.

O ESTRANGEIRO

E nunca mais tiveram notícias da frota?

O ESCRAVO

Nunca mais... O rei morreu de desgosto…

O ESTRANGEIRO

Noto, porém, que aquele grupo é exclusivamente formado pelos mimosos[41], pelos favorecidos do destino: todos estão vestidos de púrpura e carregados de joias… Pelo que vejo, o povo – os operários e os pobres – ou não se importa com o regresso da frota ou não acredita no poder salvador de Ámon…

O ESCRAVO

Todos desejam o regresso da frota. Se aqui não vês os humildes, é porque Ámon é o deus dos felizes, dos nobres e dos opulentos; porém, se fores aos bairros pobres, ouvirás, a cada passo, veementes súplicas dirigidas aos deuses populares, ao escaravelho de Phtah, a íbis e ao cinocéfalo

40 Segundo o calendário egípcio, o "dia epagómeno" era aquele acrescentado ao calendário.

41 Mesmo que "mimados". O termo também pode remeter à beleza e à elegância.

de Thot, ao falcão de Hor, ao chacal de Anubis e ao crocodilo de Sowku. Ontem, à noite, os fenícios, que vivem além, ao pé daquele bosque de acácias, queimaram vinte crianças diante da estátua do Baalim[42]; as mães assistiram ao suplício dos filhos e gemiam como doidas, ao som das flautas litúrgicas...

O ESTRANGEIRO
sinalando[43] *Zophesamin, que se dirige para o grupo*:
Quem é este velho?

O ESCRAVO
É Zophesamin, o contemplador dos céus... Era o grande amigo do rei, e agora é o mentor de Belkiss. Belkiss não dá um suspiro sem lhe pedir licença.

Vestido de linho, o sacerdote de Ámon *desce as escadas do palácio real e caminha para o grupo, que o rodeia num respeitoso silêncio.*

---

42 Phtah (mais comumente "Ptah") é o deus egípcio dos artesãos e arquitetos (ao contrário de outras divindades do Egito, Ptah não é representado com a cabeça de um aninal). Thot é o deus lunar, tradicionalmente representado com uma cabeça da ave íbis, sobreposta a um corpo humano. Por sua vez, Hor, mais conhecido como Hórus, é uma divindade solar representada como um híbrido de homem e falcão, sendo uma das mais antigas e respeitadas divindades do panteão egípcio. Anúbis (Castro grafa seu nome sem o acento) é a deidade de cabeça canídea responsável pelos ritos fúnebres. Sowku, mais conhecido como Sobek ou Sucos é o deus semicrocodilo das águas e da fertilidade. Por fim, Baalim, forma plural de Baal, é uma divindade de origem semita e cananea, assimilada por várias outras religiões. No Egito, Baal é associado a Seth, deus da confusão e da perturbação. Posteriormente, no cristianismo, Baal foi interpretado como um demônio.

43 *(A)* "signalando" e *(B)* "assinalando".

O SACERDOTE,

levantando os braços para o céu, em súplica:

Ámon-Rá-Harmakhis, Deus triplo e uno, imenso, eterno, independente, forte e poderoso: clemência!

Ámon-Rá-Harmakhis, que o Uraeus[44] aniquile todos os inimigos, e que a serpente Minhi[45] se conserve pacífica! Clemência!

Ámon-Rá-Harmakhis, Senhor dos dois horizontes, Criador de ti mesmo: clemência!

Ámon-Rá-Harmakhis, grande Leão, Vivificador dos Seres Inteligentes, Touro noturno, Timoneiro da barca Soktit: clemência!

Ámon-Rá-Harmakhis, Rei do céu, Soberano da terra, Totumen[46], Gavião santo, Fênix de asas prismáticas: clemência!

Rá é forte!

---

44 Em português, "Ureu" é a cobra responsável por proteger o trono do rei do Egito de seus inimigos. Não por acaso, a figura real era adornada com imagens dessa serpente.

45 Mais conhecida como "Mehen", trata-se da serpente que se enrola em torno da barca de Rá, para protegê-lo em suas travessias.

46 Segundo nota da tradução italiana de Matteo Rei (CASTRO, 2016, pp. 283-284), essa fala do sacerdote foi inspirada no livro *Histoire ancienne des peuples de l'orient* (1875), do egiptólogo francês Gaston Maspero (1846-1916), onde o poeta encontrou diversos nomes, atributos e epítetos de divindades. O nome da barca "Soktit" mencionada no trecho, por exemplo, bem como o termo "Totumen", ambos de difícil decifração, são encontrados nesse livro, cuja influência pode ser identificada em outros trechos de *Belkiss*. Em carta de Maspero ao próprio Eugénio de Castro, o egiptólogo diz a respeito do segundo vocábulo: "A palavra Totunen, que tem como variante Tonen, parece ser um nome muito antigo de uma divindade anterior a Ptah, o Duduni, Tutomi, das tribos núbias, e que os egípcios históricos teriam aproximado de seu Ptah, depois confundido com ele. O sentido real dessa palavra permanece desconhecido" (*apud* REI, 2017, p. 113, tradução nossa).

O GRUPO, EM CORO
Enfraquecido seja o ímpio!

O SACERDOTE
Rá é vivo!

O CORO
Morto seja o ímpio!

O SACERDOTE
Rá é grande!

O CORO
Pequeno é o ímpio!

O SACERDOTE
Rá está satisfeito!

O CORO
Esfomeado esteja o ímpio!

O SACERDOTE
Rá é luminoso!

O CORO
Anuviado esteja o ímpio!

O SACERDOTE
Rá é poderoso!

O CORO
Débil seja o ímpio!

O SACERDOTE
Rá existe!

O CORO
Apôp[47] seja aniquilado!

O SACERDOTE
Ámon-Rá-Harmakhis, conserva a vida a Nastosenen e aos seus marinheiros! Dá-lhes pão para os seus ventres, água para as suas gargantas, perfumes para os seus cabelos! Por tua Mãe, ó Rá! Navega com eles! Exultem todos os que estão na tua barca! Confundidos sejam os ímpios!

O CORO
Apôp seja aniquilado!

O sacerdote volta para o palácio. Os Nobres e os Ricos partem em diferentes direções, por entre os obeliscos.

47 Apôp, ou Apófis, é a divindade da noite e do caos, inimigo da luz e representado por uma gigantesca serpente.

IV
HADAD

— Uma sala no palácio de Axum. Reclinada num pequeno leito de ouro, cravejado de carbúnculos[48]*, Belkiss olha, cheia de espanto, para Hadad, que a fita deslumbradamente*[49]*. Da túnica de Belkiss, levemente agitada pelo ritmo dos seus seios timoratos*[50]*, exala-se um quebrado perfume de óleo de nardo. Sobre o mosaico do chão, andam pombas de asas almiscaradas.*

BELKISS
Quem és tu?

HADAD
Sou Hadad, filho do rei de Edom morto por David no Vale do Sal.

BELKISS
Onde fica Edom?

HADAD
Nas faldas do monte Séir, ao sul dos moabitas[51] e ao norte do Mar Vermelho.

---

48 Também conhecido como "granada", o "carbúnculo" é uma pedra de grande beleza utilizada em joias.

49 *(A)* "que a fita n'num deslumbramento".

50 Isto é, "temerosos", "tímidos".

51 Nome de um povo nômade subjugado pelo rei de Israel no século XIII a. C.

BELKISS

E ainda não recobraste a realeza perdida por teu Pai?

HADAD

Ainda não... Destroçados os exércitos edomitas, refugiei-me na corte do Psiukhanu II, onde tenho vivido vida pacífica, caçando hipopótamos e antílopes de cornos em lira, e passeando nos jardins de Tanis[52] com as filhas do Faraó… Vaphres, a mais velha, casou, há pouco, com o rei de Israel... Se alguma coisa me tortura, é a lembrança de que, em breve, para vingar a morte de meu Pai e para reaver a minha coroa, serei forçado a tornar viúva essa linda e querida amiga, tão digna de melhor sorte…

BELKISS

És então inimigo de Salomão?

HADAD

O mais terrível dos seus inimigos... Admiras-te? Pois não é justo que eu tenha um ódio de morte ao filho de quem me fez sofrer todas as amarguras da orfandade e do exílio, àquele que hoje usufrui, regaladamente, o vinho dos meus vinhedos, o mel das minhas colmeias e o luxo dos meus palácios?

BELKISS

Vais então guerreá-lo?

HADAD

E vencê-lo.

---

52 Cidade no nordeste do Egito.

BELKISS

Mas se vais guerrear Salomão, cujo reino fica para o norte, que vens fazer aqui, ao sul?

HADAD

Venho buscar aquela que me há-de fazer a vida tão doce como se ela me aparecesse através de uma safira pálida...[53]

BELKISS

Quem é então a futura rainha dos edomitas?

HADAD

Aquela que hoje é rainha de Sabá, de Axum e do Himiar.

BELKISS

surpreendida:
Eu?

HADAD

Sim! Tu, Belkiss... Pois não te mereço? Sou moço e forte![54] Vê, repara bem para mim: os meus beijos despertariam estátuas e amansariam leoas...

BELKISS

baixando os olhos com simplicidade e pousando as mãos translúcidas no seio:

Esta vinha tem um senhor, apenas... Só ele colherá e comerá estas uvas...

---

53 *(A)* "que me há-de fazer a vida como se eu a estivesse vendo por uma saphira pálida".

54 *(A)* [!] *(B)* [.].

HADAD
E quem é esse senhor?

BELKISS
Salomão, rei dos israelitas…

HADAD
Salomão?... Que a tua boca se encha de pústulas malignas sempre que pronunciar esse nome maldito!

BELKISS
Sempre que pronuncio o nome de Salomão, parece-me que se derrete uma pastilha aromática na minha língua, e que estou a comer folhas de rosas…

HADAD
Tu, tão linda e tão pura, escrava de Salomão! Cora da tua miséria, Belkiss! Antes as chamas te lambam que te apertem os seus braços!

BELKISS
És seu inimigo, não admira que assim fales… Salomão é forte, justo e carinhoso...

HADAD
desdenhoso:
Tão forte, que, para subjugar Guezer, teve de pedir auxílio aos egípcios; tão justo, que usurpou os direitos de seu irmão Adonijah, e tão carinhoso, que deixa morrer de tédio, esquecida e solitária, a rainha Vaphres…

BELKISS

sem velar o seu azedume:

Mas onde encontrarás um sábio como ele? Dizem que excede Ethan Ezrahita, Heman, Calcol e Horda…

HADAD

Como pode ser respeitada a sua sabedoria, se ele quer uma lei para si e outra para os mais? Como há-de a gente respeitar a sabedoria de um homem que possui um harém com trezentas concubinas depois de ter escrito: *não te deixes ir atrás dos artifícios da mulher, porque os lábios da prostituta são como o favo que destila o mel, e a sua garganta é mais lustrosa do que o azeite, mas o seu fim é amargoso como o absinto e talhante como a espada de dois gumes…*

BELKISS

Embora! Quero ser de Salomão! Ninguém me ensinou a amá-lo, ninguém me ensinará a esquecê-lo…

HADAD

Belkiss!... Encher-te-ei de joias, se quiseres ser minha...

BELKISS

Guarda as tuas joias...

HADAD

Ungir-te-ei com perfumes…

BELKISS

Dispenso os teus perfumes...

HADAD

Não darás um passo que não pises flores[55].

BELKISS

Não desflores os teus jardins[56]…

HADAD

Terás um palácio de ouro…

BELKISS

São de oiro as cadeias dos meus prisioneiros e as grades dos meus cárceres...

HADAD

Enjeitas o meu coração, não é assim, Belkiss?

BELKISS

Assim é, Hadad…

HADAD

caminhando para a porta:

Enjeitas o meu, e queres o de Salomão… Tê-lo-ás!... Hei-de trazer-to, em breve, todo de púrpura, numa patena de prata…

Sai.

55 *(A)* "jasmins".

56 *(A)* "jasmineiros".

V
INTERLÚNIO

– De noite. A alcova da rainha no palácio de Axum. O leito de Belkiss está escondido sob um simulacro de tenda, formado de tecidos preciosos, cujos oiros brilham à luz de uma distante lâmpada de argila. De quando em quando, pela janela aberta, entram baforadas de vento morno, que despertam as brasas dos perfumadores.

BELKISS

despindo-se para entrar no leito:

Morrerei virgem!... O meu corpo será uma roseira numa cisterna… Zophesamin tem razão, e Hadad não mentiu... Possuída por Salomão, coitadinha de mim! Seria um colar de rubis ao pescoço de uma velha escrava… Não faria caso de uma taça de licor finíssimo quem se embebeda todos os dias com vinho ordinário… Ficaria na memória de Salomão como um diamante caído num monte de seixos... Florirei para regalo dos meus olhos… Desejada, pisarei os desejos que suscito… Só eu sei abrir com cinco chaves de oiro o cofre onde tenho as minhas joias mais amadas… e as mais amadas só as ponho quando estou sozinha, porque só eu as mereço… A minha túnica será um cofre mais forte que um baluarte[57]. Fechá-la-ei com cinco alfinetes de ouro, seguros como cinco chaves… A minha pureza será mais alta e mais

57 *(A)* "o ferro" e *(B)* "o ferro...".

dura que os obeliscos... Se os meus olhos queimarem, é porque a neve queima... Viverei, a amar-me! Guardando o que todos apetecem, escondendo o que todos querem ver![58] Zophesamin deu-me folhas de cinza, que chamam a castidade... Esfreguei-me com elas e fiquei sossegada... Os meus desejos morreram de frio, como leõezinhos na neve...

Reclinando-se e espreguiçando-se:

Ah!... mas como eu me sinto esvaída!... Sob as minhas pálpebras de chumbo, os meus olhos são duas meninas doentes acarretando fardos pesadíssimos... Parece-me que estive para morrer, que me bateram e que me pregaram um susto... Sinto-me débil,[59]como se acabasse de ressuscitar... A noite é límpida, cheia de estrelas, e no entanto dir-se-ia que vai haver trovoada... Não sei o que me falta... Não estou bem aqui... Estas paredes não são minhas amigas... Quero desejar alguma cousa e não sei o que hei-de desejar... E a noite é tão comprida!... Como eu ficaria contente, se agora pegasse o fogo no palácio... A noite não seria tão comprida... Se o fogo pegasse agora no palácio, os repuxos do jardim transformar-se-iam em repuxos de sangue[60]... E as feras, dentro das jaulas, que alarido não fariam!... E que lindo seria o incêndio visto por uma esmeralda... E os lagos cheios de sangue!... Como a noite correria depressa!... Correria a voar... a noite seria tão clara, que ninguém daria pelo nascer do sol... Que tristeza! A deste palácio... Não posso aqui viver... Amanhã, ao romper do dia, partirei para Sabá...

Adormece.

---

58 *(A)* e *(B)* [,].

59 *(A)* "estou fraca" e *(B)* "Estou fraca".

60 *(A)* "haviam de parecer de sangue".

VI
PARA O MISTÉRIO...

– No palácio real de Sabá, ao anoitecer. Belkiss está melancolicamente sentada a uma janela: em frente, o mar Vermelho, e, à esquerda, os jardins reais escurecidos pela sombra[61] *de uma grande e misteriosa floresta. Ao lado de Belkiss aparece, fantasmaticamente, o velho Zophesamin.*

ZOPHESAMIN

Nunca os teus olhos me pareceram tão magoados, Belkiss...[62]

BELKISS

Estou muito fatigada... Estive horas e horas a olhar para o mar e nada me fatiga tanto... Esqueço-me a pensar... o meu espírito anda... anda... anda... e, quando desperto, sinto-me sempre tão abatida, que acabo por cuidar que realmente fui onde o meu espírito foi...

ZOPHESAMIN

Nunca os teus olhos me pareceram tão magoados...[63]

---

61 *(A)* "estagnada".

62 *(A)* "Estás muito pallida, Belkiss..."

63 *(A)* "Estás muito pallida...Parece que te dá o luar..."

BELKISS

Ah![64] Que lindo que hoje estava o mar! E então, quando o sol poente o incendiou, parecia que vinham à supuração todo o oiro e todas as pedrarias dos naufrágios... Muito oiro e muitas pedrarias deve haver no fundo do mar!...

ZOPHESAMIN

Talvez estejam no fundo do mar todas as preciosidades colhidas por Nastosenen… Pobre frota!

BELKISS

Nunca mais voltará…
Um grande e frio silêncio.

ZOPHESAMIN

Aqui, a tua vida há-de correr mais alegre e macia... O palácio de Axum era muito triste…

BELKISS

Dentro daquele palácio sentia-me com duzentos anos…

ZOPHESAMIN

Aqui, tudo é mais alegre... há muito sol… Depois… terás constantemente diante dos olhos o espetáculo, sempre novo, do mar... Neste porto, entram muitos navios… O cais está sempre cheio de gente, gente de todas as partes do mundo.

Apontando a floresta:
Só o que é triste em Sabá é aquela floresta...

---

64 *(A)* "Ah! e que lindo estava hoje…"

BELKISS

Hei-de lá ir esta noite…

ZOPHESAMIN

Não faças tal[65], Belkiss… A floresta até de dia mete medo…

BELKISS

Hei-de lá ir esta noite….

ZOPHESAMIN

Não faças tal[66]... Há sítios onde o sol nunca entrou… E os lagos!... Não imaginas, Belkiss, como são aquelas águas… Fazem medo aquelas águas doentes... São esverdeadas, límpidas e não se lhes vê o fundo… Foi lá que morreu o teu irmão… Caiu a um lago e nunca mais apareceu... Tua mãe julgava vê-lo no fundo, preso nas raízes, mas ninguém mais o via… Teu pai mandou vir do Egito três mergulhadores, e todos lá ficaram… Não vás à floresta, Belkiss, não vás à floresta…

BELKISS

Hei-de lá ir esta noite… e hei-de ir sozinha...

ZOPHESAMIN

Sozinha?... E as feras?

---

65 *(A)* "Não faças isso, Belkiss…".

66 *(A)* "Não faças isso, Belkiss…".

BELKISS
Há feras[67] na floresta?

ZOPHESAMIN
Muitas e das mais temíveis... Pelo que ouvi, crescem lá[68] umas árvores carregadas de serpentes, as víboras são aos milhares, e dizem que, pelas sombras, andam ranchos de catoblepas, que matam com o olhar, e de mantichoras, animais medonhos e ferozes, que têm três fios de dentes, rosto de homem, olhos glaucos, corpo de leão e cauda aguçada como a dos escorpiões... [69]

BELKISS
Embora... Hei-de lá ir e hei-de ir sozinha...

ZOPHESAMIN
Não deves lá ir... mas enfim... se lá fores... não vás sozinha...

BELKISS
Quero ir sozinha...

ZOPHESAMIN
Mas... diz-me... como te veio essa ideia? Que força te impele para a floresta donde todos fogem?

---

67 *(A)* [,].

68 *(A) e (B)* "Há umas árvores carregadas de serpentes".

69 Catóblepas (em português atual a palavra é acentuada) são criaturas lendárias, semelhantes a búfalos, com as cabeças muito grandes e pesadas. Estão sempre a olhar para baixo e, diz o mito, caso alguém veja seus olhos morre instantaneamente. Já as manticoras são criaturas míticas híbridas comumente descritas com cabeças humanas, dentes serrilhados, corpo de felino e cauda de escorpião, embora as descrições variem de fonte para fonte.

BELKISS

O terror… o mistério… Aqui, em Axum e em Adulis, nestes palácios todos de pedra, enfado-me como um marinheiro que deixasse o mar e se fizesse tecelão… Correm-me os dias sempre monótonos, sempre sem surpresas, sempre iguais... Sou como um preso a ver sempre a mesma paisagem. Tenho os mesmos pensamentos às mesmas horas… Aquele obelisco é o relógio da minha alma... Pela sua sombra, sei quando se aproximam as grandes melancolias... Tudo o que me rodeia é baço, mudo, sem significação: aconteceu-lhe o que acontece aos anéis, que perdem o lavor[70] com o uso, e às palavras que, por muito repetidas, ficam transformadas em esqueletos de ideias… Não posso mais, Zophesamin… Estou cercada de cousas mortas e tão mortas que chego a duvidar se realmente vivo… Estou com sede de cousas misteriosas, de cousas novas e estranhas, que me despertem, que me agitem, que me sacudam… Quero ir à floresta… e quero ir sozinha…

ZOPHESAMIN

Não deves ir sozinha, Belkiss…

BELKISS

lastimosa:

Não fazes senão contrariar os meus desejos… É assim que pagas a minha obediência... Por tua causa, deixei de amar Salomão...

ZOPHESAMIN

Creio bem que te enganas…

---

70 "Lavor" significa "trabalho" ou "ofício". Neste caso, pelo contexto, parece designar a perda dos detalhes, do *trabalho* do ourives, conforme o uso.

BELKISS

Não me engano, não... Depois do que me disseste de Salomão, quis seguir os teus conselhos... Pedi a uma feiticeira que me livrasse daquele amor, comprei-lhe este saquinho de pele de carneiro, que tem dentro uma rubeta[71] morta, pu-lo ao peito, e desde então, Zophesamin, o meu coração é mais frio e silencioso que os túmulos reais… Esfreguei-me com as folhas de cniza[72], que me deste, e fiquei viúva de desejos… viúva e virgem, gelada e resignada...

ZOPHESAMIN

olhando-a demoradamente:

Os teus olhos estão mais claros, mais luminosos... A castidade embeleza os olhos, Belkiss… Sê casta e serás linda até à morte...

BELKISS

Não haverá luar[73] esta noite?

ZOPHESAMIN

Só muito tarde…

---

71 Espécie de caramujo marinho de bela concha.

72 Segundo Matteo Rei (2017, p. 110), Eugénio de Castro constantemente recorreu à *História Natural*, de Plínio, o velho, para encontrar nomes e informações sobre plantas e animais, muitas vezes fabulosos, como parece ser o caso da "cniza". Essa planta também aparece na *Tentação de Santo Antônio* (1874), de Gustave Flaubert, na qual uma personagem tem o corpo esfregado com folhas dessa planta para manter-se casto, como também nota Rei (idem, p. 111). Vale dizer que a influência de Flaubert é visível em diversas outras passagens da peça.

73 *(A)* e *(B)* [,].

BELKISS

Embora... Vou à floresta... Não me digas que não, Zophesamin, nem mandes que me sigam...

ZOPHESAMIN

tirando do saquitel, que traz à cinta, um ramo seco:

Faça-se a tua vontade... Mas, ao menos, leva este ramo de terionarca[74]... A terionarca, basta agitá-la no ar, adormece todas as feras...

BELKISS

erguendo-se para sair:

Fica descansado...

ZOPHESAMIN

Tem cuidado com os lagos...

BELKISS

Fica descansado...

Exit.

74 Planta conhecida por supostamente matar serpentes, também está presente na *História Natural*, de Plínio (cf. REI, 2017, p. 110).

VII
PER UMBRAM...[75]

– Noite escuríssima. Belkiss está à entrada da floresta, num grande rochedo talhado a pique sobre o mar Vermelho.

BELKISS

Estou toda vestida de medo! Tremo como uma criança perdida num pinhal... Eis-me finalmente sozinha, à entrada da sombria floresta que todos dizem cheia de clamores nunca escutados e de alucinações nunca sentidas... Eu, que definhava de tédio, constantemente chicoteada pela ânsia do irreal e do misterioso, sofrendo constantemente os martírios de uma vida estagnada, imóvel, sem surpresas; eu,[76] que cheguei a conhecer as horas pela minha sombra, que, às mesmas horas, se alongava nos mesmos sítios – eis-me finalmente às portas do imprevisto, em face de um mundo novo, que me amedronta com um pavor tão intenso que chega a ser voluptuoso!... Receando as feras e os abismos, o meu pobre corpo treme como um arbusto frágil numa noite de temporal desfeito; mas o meu espírito, cansado de voar sob o mesmo céu e sequioso de inauditismos, de absurdos, de anormalidades, impele-me obstinadamente

---

75 Expressão latina que significa "Pelas sombras". O título já havia sido antes usado por Eugénio de Castro em um volume de poemas publicado em sua adolescência, no ano de 1887.

76 *(A)* Sem vírgula.

para a floresta, dando-me a coragem de um guerreiro e a serenidade de um ídolo de pedra...

Toda de branco, um ramo seco de terionarca entre os dedos, Belkiss caminha espectralmente para a floresta, donde sai, a correr, um homem envenenado por uma infusão de ofiusa[77]*, planta lívida, de tal encanto, que se refugiam no suicídio todos os que a provaram, julgando-se perseguidos por milhões de enormes serpentes.*

O ENVENENADO

avistando Belkiss e fugindo das serpentes que só ele vê:

Não vás para lá, não vás para lá! Foge! Foge!... Elas aí vêm!... Foge!

Desesperadamente precipita-se do alto rochedo... Instantes depois ouve-se o baque[78] *trágico do corpo nas águas do mar... Atemorizada, Belkiss entra na floresta.*

BELKISS

Não vejo nada... Parece-me que estou no fundo do mar e que oiço, lá em cima, o marulho das ondas: é o vento nos ramos altos... Parece-me ouvir uma voz a distância... Não vejo nada, já não vejo o palácio... Parece-me que estou ao pé de um lago: sinto o cair das folhas na água...

---

77 Segundo Matteo Rei (CASTRO, 2016, p. 289), em nota à sua edição de *Belkiss*, trata-se de outra planta citada por Plínio, o velho, em sua *História Natural*, com supostas propriedades de causar alucinações com serpentes.

78 *(A)* "cahir" e *(B)* "cair".

Parando a olhar para trás:

Pareceu-me ouvir passos… Quem está aí?... Quem sois vós?... Bem vos vejo... dizei... quem sois?... Já os não vejo… Fugiram...

Continuando a andar:

Ah! Como a floresta é escura!... Na sombra passam outras sombras…

UMA VOZ

muito ao longe:

Acudam!... Acudam!

BELKISS

parando a escutar:

Quem será? A voz é de mulher e parece molhada de lágrimas... Alguma pobre mulher atacada pelas feras…

Entrando numa clareira iluminada por milhões de pirilampos:

Oh!... Oh!... como isto é lindo!... Que de pirilampos!... Dir-se-ia que nascem do chão!...

Maravilhadamente, senta-se entre as altas ervas. Os pirilampos, prendendo-se na felpa da sua túnica, vestem-na de esmeraldas[79] *incandescentes.*

A VOZ

aproximando-se:

Acudam!... Acudam!...

---

79 *(A)* "topázios".

BELKISS

A voz aproxima-se… Quem quer que seja vem para aqui… Sinto o gemer das folhas secas que estão sendo pisadas…Quem quer que seja vem a correr…

A VOZ

já próxima:

Acudam!... Acudam![80]…

De entre as árvores, como se viesse perseguida por uma alcateia de lobos, sai uma doida, quase nua, cheia de sangue e toda desgrenhada, que se lança, perdida de medo, aos pés de Belkiss, escondendo nervosamente a cabeça orvalhada no pálio branco da rainha.

A DOIDA

Deixa-me esconder aqui... não te bulas... se eles me veem, matam-me!... Se perguntarem por mim, diz-lhes que me deitei ao mar…

BELKISS

Mas quem te fez mal?

A DOIDA

erguendo-se um pouco e abrindo muito os olhos vagos e alucinados:

Está tudo cheio de reis doidos e furiosos! Só de olharem para mim, estou toda queimada!

---

80 *(A)* Não há o segundo ponto de exclamação.

BELKISS

Mas não vejo ninguém… Não sinto passos…

A DOIDA

É porque vêm de gatas... São muito manhosos… Mas tu verás!... daqui a bocado... tu verás!... Caem sobre mim e levam-me! Cães!... Morderam-me toda e querem levar-me…

BELKISS

Mas quem?... Para onde te querem levar?

A DOIDA

Os reis endoideceram e querem levar-me para o fundo do lago… São muitos…

Silêncio. Os pirilampos fogem todos para o interior da floresta. A clareira fica em absoluta treva.

BELKISS

Como te chamas?

A DOIDA

Não sei… não tenho nome… Também, não tenho pena… Para que me servia um nome? Desde que levaram a minha filha, já ninguém chama por mim…

BELKISS

Tinhas uma filha e levaram-ta?

A DOIDA

Foi um deles que a levou… levou-a para o fundo do lago…

O vento entra pela clareira, levantando as folhas secas do chão.

Eles aí vêm! Eles aí vêm! Não vês as folhas? Até as folhas fogem deles…

Segurando-se ao pálio de Belkiss:

Lá estão eles… não os vês?

BELKISS

olhando, medrosamente, em volta de si:

Não vejo… não…

A DOIDA

apontando com o dedo e falando muito devagarinho:

Ali... Ali...

BELKISS

subjugada pela alucinação da doida, e soltando um grito de terror:

Agora sim… bem os vejo...

Encolhe-se toda, cheia de pavor.

A DOIDA

com a voz rouca, sumida e trémula:

Estão escondidos atrás das árvores… Estão à nossa espera…

BELKISS

Tenho medo!... Oh!... e como eles são grandes!

A DOIDA
São mais altos que as árvores…

BELKISS
E estão a olhar para nós!... Não tiram os olhos daqui!

A DOIDA
Ouves?... Estão a falar… E estão a rir... Ouves?... Ouves como eles riem?

BELKISS
Outro!... Olha outro!... Não têm conta...

A DOIDA
E acolá… acolá estão uns poucos…

BELKISS
Estamos cercadas!

A DOIDA
Já não podemos fugir!... Vão levar-nos para o fundo do lago!...

BELKISS
Ali, entre aquelas árvores, não está nenhum… Fujamos por ali!

A DOIDA
cada vez mais trêmula e falando cada vez mais baixinho:
Não vale a pena… Correriam atrás de nós!... Estamos perdidas!... Vão levar-nos para o fundo do lago!

BELKISS

completamente alucinada:

Fujamos por ali! Fujamos por ali!

Belkiss e a Doida começam a correr desesperadamente.

BELKISS

com a respiração angustiada:

Acudam!... Acudam!... Zophesamin!... Horsiatf!... Zophesamin!... Acudam!...

A DOIDA

correndo sempre a par de Belkiss:

Eles aí vêm! Corre mais depressa! Corre mais depressa!

BELKISS

estacando, de súbito:

Não posso! Estou presa pelos cabelos! Prenderam-me pelos cabelos! Acudam! Acudam!

Belkiss cai desmaiada sobre uma moita de anacâmpseros[81]*, planta que tem a virtude de despertar e avivar paixões amorosas. Sempre a correr e a gritar, a Doida some-se na treva da floresta… Um grande silêncio desce das árvores... A noite segue em paz até que, aos primeiros alvores da manhã, se escuta um rumor crescente de passos e vozes… Belkiss dorme em sossego…*

---

81 Trata-se do nome popular de uma família de plantas do tipo "suculenta", oriundas do continente africano, também descritas por Plínio, o velho. Matteo Rei (in CASTRO, 2016, p. 289) chama ainda a atenção para o fato de essa planta estar presente no *Petit glossaire pour servir à l'intelligence des auteurs décadents et symbolistes*, de Jacques Plowert, pseudônimo do escritor Paul Adam (1862-1920), volume que, como o título adianta, trazia uma série de palavras pouco usuais ao gosto dos poetas finisseculares. Não por acaso, essa planta aparece em outros poemas do período.

A VOZ DE HORSIATF
Provavelmente caiu a algum dos lagos...

A VOZ DE ZOPHESAMIN
Ou foi comida pelas feras...

A VOZ DE HORSIATF
Ainda não vimos nódoas de sangue... Provavelmente caiu nalgum dos lagos... Vamos àquele... Foi lá que morreu o príncipe...

Um pequeno intervalo durante o qual se escuta apenas o barulho dos passos.

A VOZ DE HORSIATF
Zophesamin! Zophesamin! Lá está ela! Está morta!

A VOZ DE ZOPHESAMIN
amarguradamente:
Onde?

A VOZ DE HORSIATF
Ali... à tona de água... Bem dizia eu!... Morreu afogada!...[82]

A VOZ DE ZOPHESAMIN
Belkiss!... Minha filha!... Minha pobre Bel-kiss!...[83] Mas onde está ela? Não a vejo!...

---

82 A imagem da princesa boiando na água suscitada por essa passagem, como se morta, não deixa de evocar a figura shakespeariana de Ofélia, personagem de *Hamlet* muitíssimo revisitada pelos poetas simbolistas e decadentistas.

83 Menos extenso em *(A)*: " ...." (27 pontos).

A VOZ DE HORSIATF

Além... no extremo do lago... Daí não podes vê-la... Está escondida pelos juncos...

Novo intervalo. A manhã entra, clara e medrosamente, pela floresta.

A VOZ DE HORSIATF

Zophesamin! Zophesamin! Não é Belkiss… é uma velha!...

A VOZ DUM ESCRAVO

É a doida da floresta!

A VOZ DE ZOPHESAMIN

Gritem por Belkiss... gritem com força... Eu já não posso gritar...

A VOZ DE HORSIATF

Belkiss!... Belkiss!... Belkiss!...

AS VOZES DOS ESCRAVOS

Belkiss!... Belkiss!...

A VOZ DE HORSIATF

Talvez voltasse ao palácio por outro caminho... talvez nos desencontrássemos... Belkiss!... Belkiss!...

A VOZ DE ZOPHESAMIN

Vejo aqui sinais de passos... Venham por aqui... São as passadas de Belkiss... Vê, Horsiatf, cá estão os sinais das suas sandálias...

Zophesamin, Horsiatf e os escravos chegam ao sítio onde Belkiss continua a dormir, toda molhada pelo orvalho.

ZOPHESAMIN

doido de alegria:

Cá está ela!... e não está morta, não!... está a dormir!... Belkiss! Belkiss!... Belkiss!

BELKISS

despertando:

Onde estou eu?[84] Ah! És tu, Zophesamin...

ZOPHESAMIN

enternecido:

Belkiss! Minha filha! E nós que te julgávamos morta!

BELKISS

Ah! Como tu és mau, Zophesamin! Para que me acordaste? Estava a sonhar... e o meu[85] sonho era tão lindo!...

---

84 *(A)* e *(B)* [?...].

85 *(A)* "e o sonho era...".

VIII
A CHEGADA DA FROTA

– No palácio de Sabá. Dominando a cidade e o mar, um elevado terraço, ladrilhado de mármore verde,[86] e circundado[87] de alegretes[88] cheios de lírios brancos, de Antioquia, e vermelhos, de Lícia[89]. Ao entardecer... Embaixo, nas ruas e nas praças, grande movimento de estrangeiros. Do bairro dos fenícios sobem aflitivos clamores. Zophesamin e Horsiatf passeiam vagarosamente ao longo do terraço, cheio de sombra.

ZOPHESAMIN

Há quase oito dias que não sai da sua alcova... Está sempre deitada, sem dizer uma palavra... Já não parece a mesma, parece uma velhinha...

HORSIATF

Tens razão, parece uma velhinha...

---

86 *(A)* Sem vírgula.

87 *(A)* e *(B)* "apertado por ".

88 Mesmo que "canteiros".

89 Antioquia foi uma cidade helenista fundada no século IV a. C. no império Selêucida; atualmente é conhecida como Antáquia e pertence à Turquia. Lícia, por sua vez, era o nome dado a uma região da Ásia Menor, também atualmente pertencente à Turquia.

ZOPHESAMIN

Eu bem queria que Belkiss não fosse à floresta... A floresta, à noite, amedronta gigantes, e Belkiss é frágil como uma flor...

Ao fundo do terraço, passa Ladiké, levando uma urna de bronze cheia de água.

HORSIATF

Como está Belkiss?

LADIKÉ

parando:

Estive a vesti-la... Diz que quer vir para o terraço... e que vai ter uma grande alegria...

ZOPHESAMIN

Uma grande alegria?

LADIKÉ

Sim... mas não sabe que alegria seja... Tem estado a rir e a cantar... Tem falado muito de Salomão...

ZOPHESAMIN

Tem falado muito de Salomão? Que tem ela dito?

LADIKÉ

Muitas coisas... Que a enganaram, que lhe querem mal, mas que, daqui por diante, há-de fazer o que muito bem quiser, só o que ela quiser... Que Salomão é o mais lindo e o mais sábio dos reis e que todos o detestam porque todos o invejam...

ZOPHESAMIN
Vai para onde ias, Ladiké...

Ladiké caminha para as escadas que levam ao jardim. Apreensivo e sombrio, Zophesamin continua a passear, ao lado de Horsiatf.

HORSIATF
Bem te dizia eu, Zophesamin... Juravas que o coração de Belkiss estava cheio de cinzas... Estaria... mas não te lembraste de que as cinzas conservam as brasas...

ZOPHESAMIN
sem ouvir Horsiatf:
Eu bem queria que Belkiss não fosse à floresta... Foram os anacâmpseros... os anacâmpseros é que a desgraçaram...

HORSIATF
Lá vem ela...

Vestida de linho branco, os cabelos em bandós[90], polvilhados de azul,[91] ao fundo do terraço aparece Belkiss, avançando lentamente, dedilhando uma[92] harpa.

ZOPHESAMIN
Estás melhor, Belkiss?

---

90 Isto é, partido ao meio em duas tranças.

91 *(A)* "d'azul, magra e pallida...".

92 *(A)* "tocando harpa" e *(B)* "e tocando".

BELKISS

poisando a harpa:

Estou melhor e vou ter uma grande alegria...

ZOPHESAMIN

Uma grande alegria?... Mas que alegria?

BELKISS

Não sei... Só sei que vou ter uma grande alegria...

Acercando-se dos alegretes e ouvindo os gritos que sobem, cada vez mais intensos, do bairro dos fenícios:

Que gritos são aqueles?

ZOPHESAMIN

São os gritos dos fenícios que lamentam a morte do deus Adon Adonim[93], ferido por um javali...

BELKISS

Ah! Bem sei... Quando eu era pequenina, meu Pai levou-me um dia a ver essas cerimônias... Mas o deus Adon Adonim morre todos os anos?

ZOPHESAMIN

Morre todos os anos, quando o sol para no solstício de estio, e ressuscita à entrada do solstício de inverno...

---

93 "Adon" é o termo fenício para "senhor" ou "mestre". "Adonim", por sua vez, é o plural de "Adon", usado para dar ênfase ao primeiro termo. Matteo Rei (*in* CASTRO, 2016, p. 290) identifica sob esse nome uma variante da figura do herói grego Adônis, cujo romance com Afrodite termina de forma trágica.

BELKISS

Como eles gritam! Parecem gritos de naufrágio ou de incêndio! Eu era muito pequenina quando vi essas cerimônias... já não me lembro... O que fazem eles?

ZOPHESAMIN

Os homens estão no templo de Astártea[94], mutilando-se cruelmente, ao som das flautas e das trombetas do ritual...

BELKISS

Mas os gritos que oiço não vêm do templo de Astártea... parecem soltos ao ar livre...

ZOPHESAMIN

São os gritos das mulheres que correm pelas ruas... Umas andam rapadas à escovinha, outras despenteadas como doidas...

Gritando e chorando, rasgam os vestidos e os seios com estiletes de aço, fustigam-se com ramos de cardos secos e espojam-se no chão como jumentas...

BELKISS

E que de gente que anda pelas ruas!

---

94 Deusa dos antigos fenícios do amor e da fertilidade associada à Afrodite grega e à Ishtar babilônia.

ZOPHESAMIN

A cidade está completamente cheia. Da Torre de Ísis ao deserto; e de Mênfis[95] à segunda catarata, tudo se despovoou para assistir ao enterro de Adon Adonim.

HORSIATF

Fui esta manhã à cidade e voltei de lá como doido: há um barulho de ensurdecer orelhas de bronze… Não se pode fazer uma ideia daquela variedade de tipos e de vestuários: túnicas de todas as cores, turbantes e mitras de todos os feitios, homens e mulheres da Arábia e do Egito, das tribos de Shemik, de Kasa, de Sus, de Sabiri e de Makisa, himiaritas e berberes[96]...

ZOPHESAMIN

Há pouco, vi eu naquela praça muitos trogloditas da beira-mar, todos pintados de cerusa[97] e com rocais[98] de conchas e búzios ao pescoço...

---

95 Segundo a mitologia grega, Mênfis era filha (ou esposa, a depender da versão) do deus-rio Nilo, cujo marido (ou o filho) funda uma cidade homônima em sua homenagem. A cidade atualmente é um sítio arqueológico ao sul do Cairo. Segundo algumas versões, Mênfis seria também a mãe de Egito e Líbia, fundadores míticos dos países que levam seus respectivos nomes.

96 A tribo de Shemik era um povo originário da Núbia, país então situado ao sul do Egito. Kasa era uma cidade também localizada na parte sul do Egito. Essas duas, assim como as tribos dos Sus, de Sabiri e de Makisa, supostamente também originárias daquela região, mas de localização exata desconhecida, são todas citadas por Gaston Maspero, em seu já mencionado *Histoire ancienne des peuples de l'Orient classique* (1895, p. 490). Por sua vez, himiaritas são os habitantes do reino de Himiar e os berberes um povo que se estendia pelo atual território do Marrocos, Argélia, Líbia e Tunísia, na região do Magrebe, isto é, a porção norte da parte ocidental do continente africano.

97 Pigmento branco.

98 Espécie de colar feito de pedras, pérolas, conchas ou contas.

HORSIATF

Até ouvi dizer que, à noite, protegidos pelas sombras, aparecem[99] blémios, selvagens do oeste, que não têm cara e cujos olhos e bocas se lhes abrem no peito, cimalgos, que têm cabeça de cão, e artabitas[100], que caminham como os quadrúpedes...

BELKISS

sinalando[101] um jardim disposto no alto de um monte fronteiro:

Vejo um jardim no alto daquele monte... Nunca o tinha visto... É singular!... Parece que todos aqueles arbustos e todas aquelas flores nasceram e medraram[102] de ontem para hoje...

HORSIATF

Tens razão... Aquele jardim foi arranjado ontem, ao entardecer, com arbustos e flores de outros jardins... Foi lá que os fenícios levantaram a sepultura do seu deus... Amanhã tudo estará seco...

BELKISS

inquieta, como quem está à espera:

Sinto que está para chegar qualquer coisa que há-de encher-me de alegria...

---

99 *(A)* "teem apparecido..." *(B)* "têm aparecido alguns".

100 Os blêmios eram um povo nômade que vivia na Núbia, em torno do qual havia muitas lendas, dentre as quais a de que não teriam cabeças e pescoços, motivo pelo qual seriam conhecidos também por "acéfalos". Plínio, o velho, em sua *História Natural*, conta que este povo teria a cabeça e os olhos no peito. Cimalgos e artabitas, por sua vez, são dois povos míticos e fabulosos também encontrados na obra de Plínio.

101 *(A)* "signalando..."; *(B)* "assinalando".

102 Mesmo que "crescer, brotar".

ZOPHESAMIN

A desgraça é cheia de disfarces... Não te fies em palpites lisonjeiros...

BELKISS

Não me engano, não... Sei quando está para chegar a desgraça e quando está para chegar a ventura...

ZOPHESAMIN

Não te fies na ventura... Só a desgraça é forte! A desgraça serve-se da ventura para nos distrair e para depois nos atacar à traição...

BELKISS

Mas há tanta gente feliz...

ZOPHESAMIN

Momentaneamente feliz... Cada hora de felicidade custa muitos anos de dores... A felicidade é para a alma o que o perfume é para a mirra: a mirra só tem perfume depois de a queimarem...

BELKISS

És muito cruel, Zophesamin... Apenas me vês com uma esperança, logo ma tiras... Transida de frio, ponho-me ao pé de uma fogueira, e tu, mal eu começo a aquecer, começas a lançar-me bolas de gelo...

ZOPHESAMIN

Se visses um cego, julgando dirigir-se para um jardim e caminhando para um abismo, o que farias tu?

BELKISS

Começaria a gritar com toda a força, a dizer-lhe que voltasse para trás, que fugisse do abismo...

ZOPHESAMIN

Já vês que tenho razão, minha ceguinha... À força de gritar,[103] para te desviar dos abismos, a minha voz tornou-se mais fraca do que essas apagadas vozes que vêm de muito longe, por entre o nevoeiro...

BELKISS

estremecendo e apontando com um dedo cheio de anéis:
Que navios são aqueles?

ZOPHESAMIN

Quais?

BELKISS

Aqueles... lá muito ao longe... Não vês?

ZOPHESAMIN

a mão em alpendre sobre os olhos:
Não... não vejo… só vejo os que estão junto do cais...

BELKISS

E tu, Horsiatf, não os vês?

HORSIATF

tomando a atitude de Zophesamin:
Onde?

---

103 *(A)* Sem vírgula.

BELKISS

Lá muito ao longe...

HORSIATF

Vejo... vejo... Vejo umas cousas vagas ao longe[104], mas não me parecem navios...

BELKISS

São navios, são... tu verás... Olhem... olhem... no cais já deram por eles... Lá estão aqueles homens com as mãos em dossel sobre os olhos...

HORSIATF

Agora sim!... agora sim... já os vejo... São navios... são... Já vejo as velas e as flâmulas...

ZOPHESAMIN

Não os vejo... Só vejo uma nuvem negra que se dirige para cá...

BELKISS

Estás a sonhar, Zophesamin... O céu está limpo de nuvens...

HORSIATF

Belkiss tem razão: nunca vi um céu tão claro...

ZOPHESAMIN

Nem tu[105] nem Belkiss a veem, mas acolá vem uma nuvem negra, cada vez mais negra, cada vez maior...

---

104 *(A)* e *(B)* "uns pontos brancos".

105 *(A)* [,].

BELKISS
Estás iludido, Zophesamin, estás a sonhar...

ZOPHESAMIN
numa grande tristeza:
Prouvera a Ámon que eu estivesse a sonhar... Mas não estou a sonhar... não... Os olhos não são iguais, e, ordinariamente, os mais cegos são os que mais veem... Eu não vejo os navios, mas tu não vês a nuvem... e a nuvem não é ilusão da minha vista... Ela lá vem... ela lá vem... cada vez mais negra, cada vez maior...

BELKISS
olhando para os navios que se aproximam:
Um... dois... três... quatro... cinco... seis...

Numa sobressaltada alegria:
São seis os navios! Repara, Horsiatf, são seis, os navios! Talvez seja a minha frota!

HORSIATF
Talvez seja... talvez... Mas se fosse a frota, já teríamos ouvido as trombetas de prata... Teu Pai ordenou a Nastosenen que, no regresso, apenas avistasse a cidade, mandasse tocar as trombetas...

Súbito, nos navios, que já vêem perto, rutilantes de flâmulas, clangoram trombetas argentinas, em clamores de triunfo.

BELKISS

saltando e rindo como uma criança:

Ouves, Horsiatf? Ouves,[106] Zophesamin? É a minha frota!... O cais já está cheio de gente! É a minha frota! O som das trombetas é cada vez mais distinto... Ainda os não vês, Zophesamin?

ZOPHESAMIN

olhando o céu, melancolicamente:

Só vejo a nuvem... Só vejo a nuvem... além...

BELKISS

Mas que tens tu, Zophesamin? Por que estás tão triste,[107] quando todos estão tão alegres?

ZOPHESAMIN

Não sei porquê... mas antes a frota se tivesse perdido...

---

106 *(A)* [ ].

107 *(A)* Sem vírgula.

IX
A NUVEM

– No palácio de Sabá. Uma grande sala hipóstila[108], maior que a de Karnak[109], completamente atulhada pelas mercadorias da frota. Dos caixões entreabertos pendem, numa ardente promiscuidade de cores, e alastram-se pelo chão, em ondas fluxuosas[110] linhos bordados, sedas de reflexos metálicos, lhamas[111] e peças de púrpura... Dalguns odres estoirados correm fios de oiro em pó. Encostados às colunas, numa confusão de pilhagem, grandes e incoerentes montões de urnas de prata cheias de perfumes e de especiarias, adagas, lanças e broquéis, faianças[112] e bronzes esmaltados, dentes de elefante[113], feixes de plumas, ventarolas, peliças[114], troncos aromáticos, metais em barra e molhadas de raízes secas... Acompanhada por Nastosenen, Belkiss percorre a sala, admirando as suas novas riquezas.

---

108 Isto é, sustentada por pilares, como no caso dos templos gregos.

109 Karnak era um antigo complexo religioso com vários templos dedicados a Ámon localizado no sul do Egito.

110 *(A)* [:].

111 Nobre tecido, composto por fios de prata e ouro.

112 Rica peça de louça feita de barro cozido e esmalte.

113 *(A) "floridos a cinzel".*

114 "Ventarolas" são uma espécie de leque não retrátil de haste longa, já "peliças" são peças de roupa feita com peles de animais.

BELKISS

E estes frascos, o que contêm?

NASTOSENEN

Este tem água de uma fonte de Zama, que faz oleosa e suave a voz mais áspera e hostil. Este tem água da fonte Asbadea, que torna hidrópicos[115] os perjuros...

BELKISS

E aquele?

NASTOSENEN

Aquele tem óleo de rosa... Enchi-o na ilha Titis, num maravilhoso lago desse líquido.

BELKISS

E naquela caixa, o que trazes?

NASTOSENEN

Folhas e raízes virtuosas: raízes de *baaras*, que repelem os gênios funestos; raízes odoríferas de *bacchar* e folhas de *balis*,[116] que ressuscitam os mortos... Estas folhas de *heliantes*[117], cozidas com banhas de leão, açafrão e vinho de palmeira, servem para fricções, que dão à pele um cheiro e uma macieza surpreendentes...

---

115 Doença que causa grande acúmulo de líquido nos tecidos corporais.

116 *(A)* [.].

117 "Baaras", "bacchar", "balis" e "heliante" são plantas de propriedades fabulosas descritas por Plínio, o velho, em sua *História Natural*. Segundo Matteo Rei (*in* CASTRO, 2016, p. 293), "baaras" e "balis" também aparecem em *Salammbô* e *A Tentação de Santo Antônio*, respectivamente, ambos de Flaubert, em contexto muito semelhante, dizendo que a primeira repele gênios funestos e a segunda ressuscita os mortos.

BELKISS

E aqueles frutos?

NASTOSENEN

São limões colhidos à beira do lago Asfaltite[118]: parecem de oiro e estão cheios de cinza...

BELKISS

Ah! Bem sei... Zophesamin fala muito desses limões: diz que são como as mulheres vaidosas...

NASTOSENEN

De Babilônia trouxe estes tapetes fluxuosos como colchões de penas, e estas peças de linho finíssimo, todas bordadas a matiz...

BELKISS

E aqueles cofres?

NASTOSENEN

São de marfim: comprei-os a um pastor do Ganges[119]... O mais pequeno contem antimônio[120] para pintar os olhos, e o maior está cheio de *henné*[121] para tingir as unhas... Naqueles odres trago oiro em pó, de Társis[122]... Em Tiro[123],

---

118 Antigo nome do Mar Morto.

119 Ganges é um dos rios sagrados da Índia.

120 Composto químico de coloração prateada, usado na Antiguidade para fins medicinais.

121 Vocábulo francês correspondente à "hena", em português, isto é, um corante de origem vegetal muito usado para pinturas corporais.

122 Cidade antiga localizada no extremo sul da Espanha.

123 Cidade fenícia localizada no atual Líbano.

comprei estes mantos de púrpura e estas sedas verdes, de tons inconstantes, que parecem feitas com a água de um lago envenenado…

Abrindo uma urna de bronze, picada de respiradouros:

Vê estas enguias, Belkiss... vê como são lindas! Usam brincos de pérolas e vêm comer à mão...

BELKISS

Como são lindas!

NASTOSENEN

Estes vasos estão cheios de aromas…[124] mirra, incenso de Gardefan, olíbano, almíscar, unguento de nardo, *stirax* e cinamomo[125]... Aqui tens vinte garrafas de *chalibon*[126], vinho precioso,[127] reservado para os reis da Assíria, e doze urnas com cerejas de Madai, de infusão em vinho de palmeira...

BELKISS

E pedras preciosas? Não trazes pedras preciosas?

NASTOSENEN

Para enfeitar vinte rainhas...

---

124 *(A)* [:].

125 "Olíbano" é o mesmo que incenso. O "nardo", por sua vez, é um tradicional perfume oriental. *Stirax* é uma planta tropical usada como matéria-prima para bálsamos. "Cinamomo" é uma planta asiática ornamental, cujas folhas são utilizadas para produção de inseticidas.

126 Esse vinho já havia sido citado por Flaubert em *A tentação de Santo Antônio*, como sendo a bebida dos reis da Assíria, antigo reino ao norte da Mesopotâmia.

127 *(A)* [ ].

Belkiss senta-se num tapete de Babilônia, vermelho e farto, enquanto Nastosenen começa a acarretar para junto dela inúmeras conchas de tartaruga acoguladas de pedras preciosas.

BELKISS

apanhando uma mancheia de pedras vermelhas:

Parecem carbúnculos... Como se chamam estas pedras?

NASTOSENEN

Lincúrios[128]... São cristalizações de urina de lince e atraem o cobre, o ferro, as folhas secas e as palhas...

Levantando do chão, com grande esforço, uma esmeralda colossal:

Vê esta esmeralda!... tem quatro côvados[129]... Só há uma maior: aquela que um certo rei de Babilônia mandou ao Faraó...

BELKISS

extasiada:

Como é brilhante! Hei-de pô-la no observatório para ver por ela os eclipses...

NASTOSENEN

Estas, mais pequenas, têm uma qualidade singular... envelhecem, embranquecem com o tempo...

---

128 Essa pedra é muito citada em textos antigos, mas não se sabe ao certo qual é a sua correspondência com a nomenclatura atual. Matteo Rei (in CASTRO, 2016, p. 294) a identifica como sendo a turmalina escura e aponta outra vez sua presença em Plínio e em *Salammbô*.

129 Antiga unidade de medida que equivalia à distância entre o cotovelo e a ponta do dedo médio.

BELKISS

Dizem que os cabelos brancos são produzidos pela desgraça... talvez estas esmeraldas sofram... Como será a alma das esmeraldas?... E estes carbúnculos arroxeados?

NASTOSENEN

São *ametistizontes*... A esta pedra chamam *anthracitis*... Parece um carvão... Borrifada com água torna-se em brasa, e apaga-se quando a lançam ao fogo...

BELKISS

E esta?

NASTOSENEN

Chamam-lhe *calaïs*[130] e só se encontra nas altas montanhas dos Fícaros, onde a neve é eterna. As *calaïs* estão encravadas nos rochedos e são tão brilhantes que parecem olhos vivos... Os caçadores, vendo esses rochedos com olhos, ficam gelados de pavor e atacam-nos a golpes de funda: é então que as *calaïs* caem, como lágrimas dos rochedos... Vê como o seu verde é moderado e doce... Dizem que é a pedra que melhor vai com o ouro...

BELKISS

E esta, que tem dentro uma estrelinha branca?

130 Segundo Matteo Rei (in CASTRO, 2016, p. 295), as *callaïs* são provavelmente um tipo de turquesa verde, também mencionada por Plínio e Flaubert.

NASTOSENEN

É uma *ceráunia*... As *ceráunias*[131] absorvem a luz dos astros... Cheira agora esta pedra: é uma *aromatita*.

BELKISS

Tem o cheiro e a cor da mirra.

NASTOSENEN

Todas as rainhas amam a *aromatita*... Esta chama-se *apsictos*: aquecida ao fogo, conserva o calor por sete dias...[132]

BELKISS

E esta, que parece uma cabeça de tartaruga?

NASTOSENEN

Chama-se *brontea* e é muito rara: as *bronteas* caem do céu por ocasião das grandes trovoadas[133]... Esta outra, que parece um coração de boi, é também muito rara e só se encontra nos arredores da Babilônia...

BELKISS

Como se chama?

NASTOSENEN

Bucárdia[134]... Esta é um *olho de Belus*; esbranquiçada, tem no meio como que uma pupila negra, picada por um reflexo de ouro...

---

131 Pedra encontrada em Portugal chamada de "pedra de raio", já que supostamente era encontrada no local onde um raio atingira.

132 "Aromatita" e "apsictos" são pedras fabulosas que segundo a lenda apresentam as características de ter um ótimo aroma e conservar calor, respectivamente.

133 A "brontéa", também chamada de "pedra do trovão", é uma pedra preciosa.

134 Nome dado à concha de uma família de moluscos marinhos.

BELKISS

examinando o olho de Belus:

Parece que olha para mim... Ah! E como eu me vejo tão pequenina, lá dentro! Parece que estou a mirar-me nuns olhos amigos...

NASTOSENEN

Esta chama-se *sandaresus*[135]. Vê como é cristalina... e dentro está cheia de estrelas que parecem de oiro a ferver...

BELKISS

Parecem luzinhas a arder dentro de água... Zophesamin tem uma luzinha como estas...

NASTOSENEN

Repara bem para esta *paederos*, toda irisada, transparente como o cristal e verde como o ar das florestas... Estas ametistas apagam a embriaguez; tendo gravados os nomes do sol e da lua e suspensas por cabelos de cinocéfalo, preservam dos malefícios... Aqui tens berilos da Índia, de um verde de mar calmo; *androdamas*, que atraem a prata, o cobre e o ferro; ônix da Arábia; *cianos* do alto Egito, salpicados de ouro; *pedras de águia*, que favorecem os partos; topázios da ilha Titis; ágatas verdes, que tornam inofensiva a mordedura das serpentes; grãos de âmbar, diamantes, esmeraldas de Juba, astérias, lápis-lazúli de Madai, perídotes, dáfnias, obsidianas...[136]

---

135 Pedra encontrada na Índia e no Oriente Médio, considerada preciosa, de cor castanha ou verde, também mencionada por Plínio, o velho.

136 Esse parágrafo lista diversas pedras, conhecidas ou obscuras, reais e fabulosas, em sua maioria encontradas das páginas da *História Natural*, de Plínio, o velho.

BELKISS

Tenho os olhos cansados, Nastosenen, e cegos de tanto brilho... Parece-me que estive um dia inteiro a olhar para o sol... Já não diferenço as cores umas das outras... Os meus olhos estão como os velhinhos, que, tendo visto muito, acabam por confundir tudo o que viram... Amanhã verei o resto... Agora, Nastosenen, conta-me alguma coisa das tuas viagens...

NASTOSENEN

sentando-se num tamborete de cedro e bebendo dois goles de charab, bebida arábica, que um escravo negro lhe serve numa taça de ouro, cravejada, interiormente, de turquesas:

Dois dias depois de termos partido de Sabá, perdemo-nos num nevoeiro e fomos dar a um país, onde os rios correm sobre palhetas de ouro. Os homens desse país, nus e com grandes colares de berilos, enfiados em cabelos de elefante, atacaram-nos como se fôssemos feras, e obrigaram-nos a abalar por entre o nevoeiro, cada vez mais fechado... Ao cabo de muitos dias de aflição, desembarcamos[137] na terra dos *astomos*, criaturas singulares que não têm boca e que se nutrem de perfumes, e tão pouco humanos que o sol bate neles sem produzir sombra... Os *astomos* vivem ao ar livre,[138] em bosques aromáticos, caminhando extasiadamente[139], sorvendo a cada instante, com voluptuosidade bem manifesta, a alma dos lírios novos e das rosas que se fanam, e aquecendo-se, pelas noites de frio, em volta de sândalos incendiados... Quase todos

---

137 *(A)* "Descemos".

138 *(A)* [ ].

139 *(A)* "como anjos estáticos".

vivem numa contemplativa inércia, com olhos de quem está tendo visões divinas[140]... Os mais ativos cultivam jardins de sonho... Alguns desses jardins são todos compostos de flores alvas, de lírios, açucenas, jasmins, tuberosas e rosas brancas: nas ruas desses vergéis brancos passeiam apenas as virgens, os poetas, os místicos e os sonhadores, todos vestidos de roupagens, que parecem brumas, e tangendo cítaras de sons pálidos... Os lascivos e os orgulhosos têm jardins exclusivamente plantados de flores rubras, de amarantos, de eufórbias[141], de rosas escarlates e de cravos... Os enfermos têm jardins de flores verdes, porque o verde é a cor mais amada nas convalescenças, cor serena e símbolo da vida; os velhos têm jardins de flores azuis, porque o azul é a cor mais pacífica e a cor do céu, para onde estão voltadas todas as esperanças de todos os que se aproximam da morte; os ambiciosos têm jardins de flores doiradas, as crianças têm jardins esmaltados de todas as cores e nuanças, e os infelizes, para que uma viçosa vegetação circundante não contraste amargamente com a agonia das suas almas, divagam em jardins onde as flores nascem murchas, onde tudo é tão triste, tão apagado, tão lívido que faz parecer alegre a própria tristeza... Estivemos longos dias no país dos *astomos*, a colher aromas, e mal o nevoeiro se desfez voltamos ao mar Vermelho e encontramos a ilha Titis, cujo solo é todo de topázios... De Titis, fomos à ilha Orina, que te pertence, ilha encantada,[142] onde as rosas são grandes como cabeças de homem, e as roseiras altas como ciprestes.

---

140 *(A)* "angélicas".

141 "Amarantos" são plantas tropicais de folhas e sementes comestíveis. Já "eufórbias" família de plantas semelhantes a cactos, de seiva leitosa, e geralmente cobertas de espinhos.

142 *(A)* [ ].

As cabras que lá pastam[143] são graciosas como gazelas e o seu leite sabe a flores.

Aí nos demoramos por largo tempo, caçando pelicanos, flamingos, garças e maçaricos reais, e pescando pérolas amarelas,[144] que mais tarde, em Babilônia, me serviram de moeda para comprar estofos...

BELKISS
E não chegaram a Jerusalém?

NASTOSENEN
Chegamos...

BELKISS
E viste Salomão?

NASTOSENEN
Deixando a ilha Orina, começamos a percorrer os portos da Arábia: Ocetis, Musa, Madian e Aelana, até que arribamos a Eziongaber, onde desembarquei com trinta marinheiros. Visitei as principais cidades do sul da Síria: Arad, Gerar, Lakisch, Gaza e Mizpah, até que, uma tarde, saindo de Mirpah e encontrando um caminho empedrado de basalto negro, de Bashan, e flanqueado de altas palmeiras, soube, pelo homem que nos guiava, que já estávamos perto de Jerusalém.

BELKISS
Fala-me de Salomão, Nastosenen, conta-me alguma coisa de Salomão!

---

143 *(A)* [.].

144 *(A)* [ ].

NASTOSENEN

Chegamos a Jerusalém num anoitecer de violeta e ouro... Celebrava-se então a festa dos Tabernáculos, e todos os jerosolimitanos haviam saído de suas casas e viviam em tendas brancas, cobertas de verdura...

BELKISS

E Salomão?

NASTOSENEN

O rei saía do palácio, quando chegamos à praça de Melo... Do alto das muralhas lançavam-lhe açucenas, e, à medida que ia caminhando, ia deixando atrás de si um carreiro de mulheres que beijavam, de joelhos, os sinais dos seus pés... Outras, com a boca na poeira do caminho, estendiam os cabelos cheios de perfumes, no sítio onde Salomão ia passar... Um velho de barbas brancas, longas como as de Zophesamin, acercou-se dele, e mostrando-lhe uma filha linda como a lua, pediu-lhe que a recebesse no seu leito... As virgens ajoelhavam-se a seus pés,[145] e, rasgando as túnicas, exibiam a frescura intacta dos seus seios arquejantes como rolas feridas, procurando assim cativar os olhos do rei...

Começa a escurecer: é meio-dia e parece quase noite.

BELKISS

E é lindo, Salomão?

---

145 *(A)* [ ].

NASTOSENEN

Lindo como um deus. Os seus olhos, negros e fundos como duas minas de água, obrigam à genuflexão: até as palmeiras e os rochedos parecem ajoelhados quando ele passa... Tem uma boca de donzela: ao falar, com a sua voz de harpa, dir-se-ia que está a comer jasmins e rosas... Quando lhe dá o sol, a sua sombra é azul... e dizem que a sua sombra cura as feridas e faz medrar as flores... Tem o andar lento, as mãos longas e pálidas como lírios enfermos e traz os dedos cheios de anéis e as unhas douradas...

BELKISS

inquieta e magnetizada, os olhos em fogo:

Não pares, Nastosenen, não pares, conta-me mais coisas de Salomão! Zophesamin e Hadad são dois mentirosos... Eu disse a Hadad que Salomão era sábio, forte e justo como nenhum outro rei e Hadad riu-se de mim... Conta-me a verdade, Nastosenen, conta-me tudo o que sabes de Salomão e terás o que quiseres... A magnificência de Salomão é quase divina, pois não é verdade?

NASTOSENEN

As suas riquezas encheriam celeiros... Salomão é senhor de todo o país que vai de Dan até Bersabea e de Thapsa até Gaza. Junto do seu palácio tem quarenta mil manjedouras... À sua mesa, gasta, por dia, trinta coros de flor de farinha e sessenta de farinha ordinária, dez bois gordos e vinte dos que andam a pastar, cem carneiros e muitos veados, corças e aves cevadas. O seu palácio, levantado pelos arquitetos do rei Hirão, é todo de cedro, e o seu trono de oiro e marfim, flanqueado de leões, do mesmo metal.

A escuridão é cada vez maior...

BELKISS

sem reparar na treva circundante:

Disse-me Hadad que Salomão não é sábio, como se conta...

NASTOSENEN

Hadad odeia Salomão... Salomão é mais sábio que todos os sábios... Passa os dias compondo parábolas e cânticos e não há mistério que ele não decifre.

BELKISS

Disse-me também Hadad que Salomão é fraco...

NASTOSENEN

Salomão ama a paz... Gosta de levantar cidades, não gosta de as destruir... Fez as muralhas de Maggedo, de Hazor,[146] e de Guezer, reedificou Bethhoron, Balaath e Palmira, e encheu Jerusalém de pórticos, piscinas e jardins... Mas nada tão grande, tão sobre-humanamente grande, como o Templo por ele levantado no alto do monte Moriah. Solene como uma fortaleza, todo revestido de coloquíntidas[147] abertas em cedro doirado, a sua porta está fendida entre duas altas colunas de bronze, floridas a cinzel e rematadas por capitéis, onde redes, cadeias e romãs se misturam com admirável artifício. Dentro, há dois aposentos, o *kekal* e o *debir*[148], divididos por um véu de seda, bordado a quatro

---

146 *(A)* [ ].

147 Planta tropical cultivada em geral para fins medicinais.

148 O *kekal*, na verdade, *hekal* é a grande sala do Templo de Jerusalém, cuja construção é atribuída a Salomão. O *debir*, por sua vez, é a parte central do templo.

cores. O *kekal* encerra o altar dos perfumes, a mesa dos pães e a serpentina de sete braços; no *debir*, onde só entra o Sumo Sacerdote, está guardada a arca de Jahveh, assente sobre gigantescos touros alados e protegida pelas asas, laminadas de ouro, de dois querubins... Num pátio interior, que rodeia o Templo, vê-se o *mar de bronze* e o altar dos holocaustos...

BELKISS
interrompendo Nastosenen, excitadíssima:
Basta, Nastosenen, basta!... Não é preciso que o meu espírito aprenda pelos ouvidos o que há-de aprender pelos olhos… Quero ir a Jerusalém! Quero ir ter com o meu senhor!

A treva é completa... Fazendo grande alarido, chorando e gemendo como se alguém acabasse de morrer, entram na sala Zophesamin, Horsiatf, Amenemopit e todas as escravas.

BELKISS
assustada pela escuridão e pelos gritos:
O que foi? O que aconteceu?

AS ESCRAVAS
Uma grande desgraça! Uma grande desgraça!

ZOPHESAMIN
Está uma grande nuvem em volta do palácio! É a nuvem que eu vi ontem! Vai chegar uma grande desgraça!

BELKISS
Talvez seja algum eclipse!

ZOPHESAMIN

Não é um eclipse, não! Lá fora está tudo cheio de sol, só o palácio é que está cheio de treva!

BELKISS

chegando à janela e recuando espavorida:
Fujamos! Fujamos!

Todos fogem, sem tino, à luz sanguínea dos archotes.

X
A PARTIDA

– A alcova de Belkiss, no palácio de Sabá. A nuvem continua em volta do palácio, negra e frigidíssima[149]*, a despeito dos esforços das escravas, que, baldadamente, agitam, às janelas, grandes colchas de seda... Rodeada de lâmpadas acesas, num trono de oiro cravejado de esmeraldas, Belkiss treme de frio, encolhida como uma pobrezinha.*

BELKISS

Há sete dias que vivemos nesta escuridão... Acendam mais luzes! Acendam mais luzes!... A treva é cada vez maior... Ainda não é meio-dia e já parece meia-noite!... Morro de frio... Ladiké! Ladiké vai buscar todos os meus mantos e cobre-me com eles...

Ladiké sai.

ZOPHESAMIN

profundamente triste, os olhos doidos:

Está para chegar uma grande desgraça... Por toda a parte vejo prenúncios de uma grande desgraça! Anda um estranho, um ente sobrenatural qualquer, dentro do palácio... Esta manhã, os lírios do terraço apareceram decapitados e

149 *(A)* segue ainda "impenetravel e impassivel".

pisados... De quando em quando, rebentam grandes ruídos misteriosos, inexplicados...

Ouve-se um grande estrondo que abala todo o palácio.

Ouviste?

BELKISS

tremendo de medo e frio:

O que seria? O que seria? Vai ver o que foi, Hannah...

Hannah parte.

ZOPHESAMIN

No dia em que morreu teu irmão, uma nuvem semelhante envolveu o palácio e todos ouviram estrondos como os que agora ouvimos... Mas a nuvem não era tão negra, porque a desgraça não era tão grande...

BELKISS

Manda fechar as portas.

ZOPHESAMIN

Estão fechadas com todos os ferrolhos...

BELKISS

com voz suplicante:

Vamos fugir, Zophesamin, vamos fugir... Fujamos depressa...

ZOPHESAMIN

Para quê?... A nuvem iria atrás de ti...

BELKISS

Mas porque será isto?

ZOPHESAMIN

E ainda o perguntas!... Por tua causa, Belkiss, por tua causa!

BELKISS

aterrada:

Por minha causa?

ZOPHESAMIN

com os olhos cada vez mais doidos:

Sim, Belkiss, por tua causa, por causa desse funesto amor! A nuvem negra que nos cerca, sepultando-nos numa noite mais úmida e tenebrosa que a dos túmulos, os estrondos que ouvimos, as sombras que vemos e os gemidos que escutamos, ignorando quem os solta, tudo isso veio apenas tomaste essa desgraçada resolução de ir a Jerusalém. Bem se vê que Ámon-Rá-Harmakhis é teu amigo: repara como ele te avisa... Reconsidera, Belkiss, põe de banda essa tenção e verás dissipada a nuvem e os fantasmas, extintos os estrondos e apagados os gemidos. Bem te dizia eu que não fosses à floresta... Tu, minha ceguinha, não quiseste ouvir-me... Foste... E tão desgraçada que adormeceste sobre um travesseiro de anacâmpseros, sobre essas flores de sortilégio, que sugerem paixões mais fortes que o mar e mais desvairadas que o vento... Reconsidera, Belkiss, não vás a Jerusalém...

Entra Ladiké carregada de preciosos e pesados mantos de púrpura.

BELKISS
Cobre-me, Ladiké, cobre-me... morro de frio.

Ladiké põe-se a agasalhá-la. Ao fundo aparece Hannah.

HANNAH
Ninguém sabe donde partiu aquele estrondo...

A um gesto de Zophesamin, Ladiké e Hannah retiram-se, silenciosamente.

BELKISS
Como tudo é escuro! Dir-se-ia que estamos num palácio soterrado...

Um grande estrondo, seguido de clamores de aflição.

ZOPHESAMIN
Os estrondos são cada vez mais fortes... Reconsidera, Belkiss, abandona o teu propósito e verás, de novo, o sol...

BELKISS
Não posso, Zophesamin, não posso...

ZOPHESAMIN
com dureza:
Por que é que não podes? Quem te obriga? Que paixão é essa por um homem que nunca viste? Que alma é a tua que, tendo já abandonado esse absurdo amor, voltaste a recebê-lo e a acariciá-lo com dobradas carícias, assim que ouviste Nastosenen descrevendo as magnificências de

Salomão? É o seu oiro que te deslumbra! Então mais te valera apaixonar-te por uma mina... Abre bem os olhos da alma! Estrangula esse desejo, torce-lhe o pescoço sem piedade, e pisa-o como se pisasses uma víbora!

BELKISS

cortando as palavras com soluços:

Tens razão, tens, meu velhinho... A tua razão é tão grande como a minha desgraça... Eu própria vejo a loucura do meu intento, mas não posso abandoná-lo... Sinto que vou despenhar-me num grande abismo ouriçado de cardos e piteiras, num abismo cheio de serpentes, e quanto mais quero parar, mais corro para lá... Sinto que é a desgraça que me empurra: sinto as suas mãos nas minhas costas... Sinto que se me vai partir o coração e não posso suportá-lo inteiro... Não posso... não posso, Zophesamin! Não são os sentidos que me perdem, já não são os beijos de Salomão que me chamam, nem a vaidade que me tenta: é a desgraça que me empurra, Zophesamin! É a desgraça que me empurra! Cada um tem o seu destino certo, mas ignorado; eu, porém, ai de mim! Tenho um destino de enternecer rochedos e, ai de mim! Conheço-o e não lhe posso fugir...

Um grande trovão. O vento abre tragicamente uma janela e fora, na treva, aparece o fantasma branco da rainha Isimkhib, mãe de Belkiss.

BELKISS

erguendo-se alucinadamente, gritando e apontando o fantasma:

Zophesamin! Zophesamin!

ZOPHESAMIN

assombrado, e trêmulo:

É tua mãe, Belkiss! é tua mãe...

BELKISS

caminhando para a janela e tentando segurar as roupas do fantasma:

Minha mãe! Minha mãe!

O fantasma desaparece.

BELKISS

Fugiu!... Oh! Oh! Molhou-me toda com as suas lágrimas!

ZOPHESAMIN

Era tua mãe a dizer-te que não fosses…

BELKISS

Era minha mãe a chorar a minha desgraça...

Silêncio. Ao cabo de alguns instantes abre-se uma porta e aparece Horsiatf.

HORSIATF

Está tudo pronto...

BELKISS

dirigindo-se para a porta, com o braço esquerdo numa flexão de quem vai pela mão de alguém:

Vamos, Zophesamin...

ZOPHESAMIN

Por que levas a mão assim no ar?

BELKISS

É porque a tenho presa... É a desgraça que me leva pela mão...

Exeunt.

XI
NO LAGO DA DEMÊNCIA

— *De noite. Caminho de Jerusalém, a caravana da rainha de Sabá descansa à beira do lago da Demência. O lago dorme,*[150] *coalhado de serpentes brancas. Os morcegos rasam a terra, em voos doidos. Belkiss está sentada à porta da sua tenda: junto dela, Zophesamin, Horsiatf e Amenemopit.*

BELKISS

Tenho medo daquelas serpentes…

HORSIATF

Sossega... não tenhas medo... aquelas serpentes não fazem mal...

BELKISS

Será muito fundo, este lago?

AMENEMOPIT

Dizem que é muito fundo e que comunica com o mar... Às vezes, aparecem aqui fragmentos de embarcações... A sua água, que é naturalmente doce, torna-se salgada três vezes durante o dia e outras três durante a noite...

---

150 *(A)* [ ].

BELKISS

Teríamos feito melhor em acampar num sítio menos sombrio...

ZOPHESAMIN

Foi o destino que nos mandou parar aqui: faltaram-nos as forças mal avistamos estas árvores... O destino, que é a vontade embuçada[151] dos deuses, gosta de fazer surpresas, mas desta vez despiu todos os disfarces, abandonou todos os embustes e mostra-se como é: pavoroso, inexorável, mortífero... Há quase um mês que vivemos em sobressaltos, perdidos em florestas onde não entra o sol, rodeados de ameaças, seguidos por fantasmas que gemem, não encontrando, para nos pentearmos, senão lagos de águas infelizes, no fundo das quais parecemos mortos... Já não sabemos o que é um dia claro... O destino traz-nos por caminhos cheios de tristeza, preparando-nos assim para as grandes tristezas que vão chegar...

Grande e gelado silêncio.

BELKISS

Só vejo um astro no céu, e esse mesmo parece que está a chorar sangue...

AMENEMOPIT

Onde vês tu um astro?

BELKISS

Além... entre aqueles ramos...

---

151 *(A)* "manifesta".

AMENEMOPIT

É o planeta de[152] Hardoshir[153], que, em certos momentos do ano, tem um singular movimento de retrocesso...

BELKISS

Com quem aprendeste a conhecer os astros?

AMENEMOPIT

Com os astrólogos de Denderah[154] e sobretudo com um neto do famoso Thotemhabi, chefe dos astrônomos reais no tempo da vigésima dinastia.

BELKISS

Como será feito o céu?

AMENEMOPIT

O céu é um grande oceano cercando a terra por todos os lados... É nesse oceano que os gênios seguem Osíris nos seus barcos de ouro...

BELKISS

para Horsiatf:

Que as harpistas toquem alguma cousa... Mas que seja uma música alegre... E acendam fogueiras... Está tudo tão escuro, está tudo tão triste!... Os escravos costumam cantar e rir quando vão nas caravanas, mas desta vez todos se

---

152 Sem a preposição "de" em *(A)* e *(B)*.

153 "Hardoshir" significa "Hórus Vermelho", trata-se de Marte, planeta conhecido justamente por sua cor.

154 Pequena cidade egípcia às margens do Nilo, na qual havia um importante templo.

concentram,[155] calados e cismáticos como se as suas mães estivessem para morrer...

Ouve-se o gemer das harpas.

Nunca ouvi uma música tão triste... Quero uma música alegre, Horsiatf, diz-lhes que toquem uma música alegre...

ZOPHESAMIN

Quando a alma está triste, nada há tão triste como uma música alegre. Remédio para a tristeza,[156] só conheço um: uma tristeza maior... Quando uma dor fina nos atormenta, só a podemos esquecer com outra mais intensa, e por isso puxamos os cabelos, trincamos a língua e mordemos os beiços... Mas por que estás triste? Não vais realizar o teu desejo?

BELKISS

Entristece-me esta atmosfera de maldição, que nos rodeia... entristecem-me as tuas palavras. A tua dedicação, Zophesamin, tem-me feito pior que vinte mil inimigos... Quando estou friorenta, molhas-me com água gelada; quando estou morta de calor, acendes fogueiras em volta de mim... Vês-me em vésperas de realizar o mais claro dos meus desejos e não fazes senão escurecê-lo... Terás razão, terás, Zophesamin, mas devias calar-te... Devemos enganar os moribundos, devemos convencê-los de que vão melhorar... Onde haverá crueldade que se compare à de quem entenebrece a pintura da morte à cabeceira de um agonizante?

---

155 *(A)* "... todos estão callados e scismaticos..." *(B)* "todos estão".

156 *(A)* [ ].

ZOPHESAMIN

E onde haverá dedicação que se compare à de quem se lança a um lago cheio de serpentes venenosas para salvar um doido? Já te não digo que voltes para trás,[157] porque sou mais fraco que o destino,[158] e foi o destino que te conduziu até aqui... Vais em cata da felicidade,[159] como se os desgostos que já tens não fossem bastantes para te martirizarem... Tens uma alma ceguinha de nascença...

BELKISS

E,[160] quando a minha alma começa a ter esperanças de ver, tu, Zophesamin, não fazes senão apagar essas esperanças...

ZOPHESAMIN

O que farias tu se visses uma criança colhendo flores à beira de um alto rochedo cortado a pique sobre o mar?

BELKISS

Iria buscá-la...

ZOPHESAMIN

E a criança começaria a chorar, mas tu nenhum caso farias do seu choro, porque antes a criança chorasse que morresse afogada... Mas sossega, Belkiss, sossega... Nunca mais te falarei em tal... O destino é muito forte e eu sou muito fraco... Nunca mais te falarei em tal...

---

157 *(A)* [ ].

158 *(A)* [ ].

159 *(A)* [ ].

160 *(A)* [ ].

Silêncio.

BELKISS
E as fogueiras que eu mandei acender? Acendam-nas depressa... A escuridão é cada vez maior...

HORSIATF
Não foi possível acender fogueiras... os troncos e as folhas não querem arder...

Em frente da tenda real aparece um caminhante espectral, extremamente pálido e emagrecido, todo mordido pela poeira.

HORSIATF
Donde vens?... Vê-se que vens de muito longe...

O CAMINHANTE
Venho de Tanis... Trabalhava lá num canal e adoeci... Venho morrer à minha terra...

BELKISS
Tens fome?

O CAMINHANTE
Há dois dias que não como…

BELKISS
Deem-lhe de comer... Que novas trazes?

O CAMINHANTE
Tudo está em paz... Houve uma guerra[161] em Edom, mas felizmente o Egito ficou tranquilo...

BELKISS
Houve uma guerra em Edom?

O CAMINHANTE
Houve... Entre Hadad e Salomão...

BELKISS
Entre Hadad e Salomão?

O CAMINHANTE
Sim. O rei Hadad levantou os edomitas contra Salomão...

BELKISS
cheia de inquietação:
E quem venceu? Foi Salomão, não é verdade?

O CAMINHANTE
Não. Foi Hadad o vencedor...

Belkiss cai desmaiada nos braços de Zophesamin, que a leva para dentro da tenda...

---

161 *(A)* [,].

XII
A CHEGADA

– No mês de zio[162]*, em Jerusalém. Laminados de ouro, os palácios ardem ao sol, das janelas pendem cobertas de púrpura. No alto das muralhas e dos terraços, acenando com floridos galhos de amendoeira, homens, mulheres e crianças esperam, em aclamações festivas, a chegada da rainha de Sabá, cujo séquito vem coleando, majestosamente, o Kedron*[163]*, entre nuvens de poeira ruiva*[164]*. A fanfarra do cortejo clangora, luciolante de ouros, em amplas hossanas*[165] *de triunfo... Homens e meninos trepam às palmeiras; e, pelas ruas, entre a multidão cada vez mais espessa e marulhante, os vendedores apregoam água das piscinas de Hesebon e cerejas de Urumyeh*[166]*... O cortejo sobe a colina, vagarosamente: as alabardas e os broquéis irradiam entre labaredas de pendões e auriflamas... E os jerosolimitanos dilatam os olhos, cheios de pasmo, na contemplação dos arautos que veem tocando trombetas de prata; dos elefantes, dromedários e cavalos, carregados de bagagens e cobertos com véus rubros, estrelados de gemas incandescentes; da fanfarra*

---

162 Mês mais ou menos correspondente a abril, segundo o calendário sagrado dos hebreus.

163 "Cédron", em português, é um vale que margeava a cidade de Jerusalém.

164 *(A)* [...].

165 Hinos litúrgicos.

166 "Hesebon" é o nome de uma antiga cidade palestina. Já "Urumyeh" ("Úrmia", em português) é uma cidade no atual Irã.

real, cujas trompas, címbalos, nubélias, clarins e asciores[167] *simulam monstros fabulosos;*[168] *e da teoria das sambucinas, todas cingidas pelo sablah*[169] *egípcio, às riscas brancas e verdes. Numa névoa de fogo, a poeira elimina o resto do cortejo*[170], *que se esconde, repentinamente, num bosque de figueiras e sicómoros*[171].

Chove ouro. Súbito, um clamor de vitória faz estremecer os palácios: o cortejo transpõe, deslumbradoramente, a porta das Piscinas. Das janelas e dos terraços cai uma chuva de flores;[172] *todas as gargantas gritam, todos os olhos faíscam, todos os braços se erguem, e o vento morno do deserto agita, como línguas de fogo, as bandeirolas dos mirantes e as colgaduras*[173] *dos peitoris. Belkiss surge finalmente,*[174] *em cima de um elefante branco, toucado com um martinete de plumas preciosas e coberto por uma rede de ouro, entre cujas malhas sangram carbúnculos. Aparamentada como um ídolo; um amplo manto, de púrpura, caindo-lhe dos ombros; os cabelos enluarados com limalha de prata; o rosto velado por um véu amarelo, da Bactriana*[175], *quase imaterial, como um fumo dourado; toda cheia de pedrarias rutilantes, ardendo em*

---

167 "Ascior" é uma espécie de cítara tipicamente hebreia de dez cordas.

168 *(A)* [,].

169 Espécie de veste de seda.

170 *(A)* [ ].

171 "Sicómoros" são uma espécie de figueira típica da África e do Oriente Médio.

172 *(A)* [,].

173 Espécie de bandeirola que se hasteia às janelas como enfeite ou celebração.

174 *(A)* [ ].

175 Nome dado a uma região dominada pelos persas onde hoje se estendem os territórios do Tadjiquistão, do Uzbequistão, do Turcomenistão e do Afeganistão.

tremulinas[176] *de cores úmidas; entre uma revoada de aves maravilhosas, que se agitam no ar, escarlates, azuis e verdes, presas por candeiazinhas invisíveis,*[177] *Belkiss acompanha, preguiçosamente, com o seu leque de plumas de pavão, o ritmo ondeante das harpas... Em volta do elefante real, as escravas dançam, coroadas de flores, sacudindo sistros argentinos e balouçando grinaldas, em requebros de voluptuosa moleza...*

O cortejo entra na praça de Melo. Todo vestido de brocatel, os cabelos apertados por um diadema de linho e pérolas, Salomão está na varanda principal do palácio, as mãos metidas num vaso de bálsamos, para aspergir Belkiss à sua passagem.

---

176 Isto é, em leves ondulações.

177 *(A)* [:].

XIII
SOB AS NOGUEIRAS

– No jardim de Salomão, ao entardecer. Ahizar e Zabud conversam à beira de uma fonte.

AHIZAR

Todos estão maravilhados com os presentes que a rainha de Sabá trouxe a Salomão. Nunca vi pedras tão belas nem aromas tão cheirosos. Para guardar o oiro trazido por Belkiss, foi necessário desocupar duas tulhas que estavam cheias de trigo...

ZABUD

Todos os seus presentes são admiráveis,[178] mas mais admirável é a sua beleza. Ao pé de Belkiss, Vaphres é uma candeia ao luar... Há dias, um escravo de Vaphres veio dizer--me que a rainha de Sabá era feiticeira. Fiquei sobressaltado com esta notícia, temendo que Salomão perdesse a saúde e a sabedoria...

AHIZAR

Por quê?

---

178 *(A)* [ ].

ZABUD

Porque o contato carnal com uma feiticeira causa doenças e escurece o espírito mais lúcido... Fui ter com Salomão e contei-lhe o que ouvira...

AHIZAR

E Salomão?

ZABUD

Foi para a sala do norte, cujo pavimento é de prata polida, e mandou chamar Belkiss. Assim que esta apareceu, o rei olhou para o chão e, em vez de dois pés caprinos, de feiticeira, viu dois pés de pisar flores, espelhados no chão[179]...

AHIZAR

Dizem que Belkiss é virgem.

ZABUD

Dizem isso, dizem, mas muito breve há-de conhecer as voluptuosidades da carne... Talvez hoje mesmo... O que tolhe Salomão e Belkiss é a sombra desse velho Zophesamin, que os não perde de vista, passando as noites à porta dos aposentos da sua pupila, sempre alerta, sem fechar os olhos. O velho, porém, perde o seu tempo... Esta noite, sem que Zophesamin dê por tal, Belkiss mudará de alcova... Salomão anda doido de amores... Surpreendeu-a ontem, ao entardecer, quando Belkiss se despia para entrar no banho. Seminua, estava deitada num tapete de Carmánia[180], rubro

---

179 *(A)* e *(B)* "na prata".

180 Cidade persa no atual Irã.

e mole, e Ladiké, a escrava, raspava-lhe o corpo com um estrígilo de marfim[181]...

Vendo Salomão e Belkiss,[182] *que se aproximam sob as nogueiras:*

Ei-los!

Ahizar e Zabud escondem-se entre o arvoredo. Salomão e Belkiss avançam, lentamente, na pompa das suas túnicas farfalhantes, entreolhando-se extasiados, e brincando, distraidamente, com os saquinhos de mirra que trazem ao pescoço.

SALOMÃO

Mandei perfumar a nossa alcova com incenso e cinamomo... O nosso leito é de madeira do Líbano, e todo coberto de púrpura finíssima, três vezes tinta nos canais dos tintureiros... Apenas rompa o luar, quando os vinhos da ceia tiverem adormecido todos os convivas, desaperta as presilhas doiradas das tuas sandálias e, sem fazer barulho, como quem fosse colher uvas a uma vinha alheia, dirige-te para a nossa alcova...

BELKISS

Não sei onde fica a alcova onde fizeste armar o nosso leito...

SALOMÃO

Mandarei desfolhar açucenas e elas te ensinarão o caminho...

---

181 O "estrígilo" é uma espécie de espátula, usada nas culturas antigas para raspar da pele os óleos aromáticos utilizados para higiene e cuidados pessoais.

182 *(A)* [ ].

BELKISS

As nossas sombras vão a par... e, projetadas sobre as flores, tornam as flores mais belas...[183]

SALOMÃO

A tua voz, ó minha amiga, é mais fresca e mais saborosa que os pomos que se derretem na língua, e as tuas palavras saem da tua boca tão embalsamadas que dir-se-ia que andaram a brincar num horto aromático...

BELKISS

No meu coração anda um rebanho de cordeirinhos sequiosos... Mal rompa o luar, encontrarão uma piscina de águas claras e matarão a sede.

SALOMÃO

Os teus seios são duas tendas reais, a cuja sombra dormirão os meus olhos...

BELKISS

Desfaleço de amor, amigo meu... Ampara-me nos teus braços... Como o ar é doce! Como eu estou contente! Mas, ai de mim! Ainda não experimentei o calor dos teus beijos e já sinto o frio com que a saudade deles há-de vestir a minha alma...

SALOMÃO

Se tu quiseres, amiga, deixaremos os nossos reinos e iremos ser pastores...Viveremos a amar-nos à sombra das macieiras floridas... Dormiremos ao luar, em lençóis de

---

183 *(A)* e *(B)* "e por onde ellas passam rebentam jardins...".

prata, e os sítios onde dormirmos ficarão cobertos de flores, por mais arenosos que sejam... Só te deixarei falar defronte dos ecos, porque a tua voz é preciosa como o oiro; e, assim, defronte dos ecos, de cada vez que falares, ouvir-te-ei duas vezes...

Lentamente, Salomão e Belkiss desaparecem sob as folhagens, no mistério do crepúsculo... Ahizar e Zabud saem do esconderijo e sentam-se, de novo, à beira da fonte.

AHIZAR

Nunca os meus olhos viram dois namorados tão belos... E que divina felicidade escorria dos seus olhares e das suas palavras!

Inquieto, olhando para todos os lados, aparece Zophesamin.

ZOPHESAMIN

Não os viste passar?

ZABUD

Quem?

ZOPHESAMIN

Salomão e Belkiss... Não os viste passar?

ZABUD

titubeante:

Passaram por aqui...

ZOPHESAMIN

Passaram por aqui? Este terreno nunca mais dará flores! Por onde eles passarem,[184] até as ervas ficarão secas!... E o que diziam? Não ouviste o que diziam?

ZABUD

Iam falando de Hadad e da guerra que, há pouco, tivemos com os edomitas...

ZOPHESAMIN

desvairado, ameaçador:

Estás a mentir, Zabud! Não era de Hadad que eles iam falando...

ZABUD

Se não acreditas nas minhas palavras,[185] para que mas pedes?

ZOPHESAMIN

Prouvera a Ámon que neste jardim se abrissem agora duzentas cavernas de leões!

AHIZAR

baixo, a Zabud:

Está doido!

ZOPHESAMIN

Seria o modo de evitar a grande desgraça!

---

184 *(A)* [ ].

185 *(A)* [ ].

Por entre as folhagens, chegam as vozes aflitas de Salomão e de Belkiss, pedindo socorro.

ZABUD
O que seria?

AHIZAR
Vou ver o que foi...

Exit.

ZABUD
Pareceu-me a voz de Salomão...

ZOPHESAMIN
Eram as vozes de Salomão e de Belkiss...

ZABUD
Vou também ver o que foi...

ZOPHESAMIN
cortando-lhe a passagem:

É inútil. Se estivessem em perigo, continuariam a gritar... Algum susto... É quase noite,[186] e no sítio onde eles estão deve ser já noite fechada,[187] por causa do arvoredo...

Silêncio. Pouco depois, aparece Ahizar.

---

186 *(A)* [ ].

187 *(A)* [ ].

ZABUD
O que foi?

AHIZAR
Salomão e Belkiss estavam debaixo de uma nogueira quando lhes apareceu uma cobra...

ZOPHESAMIN
E não foram mordidos?

AHIZAR
Felizmente, não... Era uma pequena cobra inofensiva, que se escondeu,[188] mal ouviu falar...

ZOPHESAMIN
Estavam abraçados, provavelmente... Pois foi pena que a cobra não tivesse mais tino... Se estavam abraçados devia ter apertado esse abraço... devia tê-los abraçado para sempre... Já não aconteceria o que vai acontecer...

---

188 *(A)* [ ].

XIV
O CAMINHO DE AÇUCENAS

– *De noite. Um longo e tenebroso corredor, sem princípio nem fim, no palácio real de Jerusalém. Abre-se uma pequena porta e aparece Belkiss, descalça, os cabelos soltos, toda vestida de branco.*

BELKISS
escutando e levantando uma lâmpada de prata:
Está tudo a dormir... Está tudo em silêncio... Ouvir-se-ia uma aranha a fazer a sua teia...

Olhando para o chão e vendo um carreiro de açucenas desfolhadas,[189] *que segue pelo corredor fora*:
Cá estão as açucenas desfolhadas...

Começa a caminhar cautelosamente:
Pareceu-me ouvir passos... Foi ilusão... Parecia-me ouvir os passos de Zophesamin... Como este corredor é comprido!... Parece que não acaba...

O carreiro de açucenas encurva-se para uma porta:
É aqui!... Tenho medo de bater...

---

189 *(A)* [ ].

A porta abre-se brandamente. Belkiss entra e a porta fecha-se sem o mais leve ruído. O corredor fica em treva. Um grande e prolongado silêncio.

Alta noite. Ao fundo do corredor, ouvem-se os passos cautelosos de Zophesamin, que pára à porta donde Belkiss saiu, horas antes.

ZOPHESAMIN
escutando à porta:

Está a dormir... Nem sequer se ouve a sua respiração... Enganei-me... Julguei que seria hoje a monstruosa noite, que há-de originar tantas desgraças, mas vejo que me enganei... Se o rei cá estivesse, com certeza ouviria os seus suspiros, porque a luxúria é uma ladra inábil,[190] que sempre se deixa ouvir por mais cautelas que tenha... E entretanto... antes tivesse sido hoje... Estar à espera da desgraça, vê-la surgir a cada instante, senti-la em cada ruído, é suplício bem maior que o peso de todas as desgraças juntas.............. Está tudo perdido! Já ninguém pôde valer-lhe...

Corações doidos! Corações miseráveis! Quando tudo vos impele para o caminho da simplicidade e da resignação, meteis-vos por complicadas veredas, que levam ao desespero, enganadoramente floridas com flores de mentira! Quando tudo vos diz que a felicidade é mais inacessível que os planetas, quando tudo vos diz que só a desgraça existe, fazeis ouvidos de mercador, e cada um de vós, julgando-se excepcionalmente favorecido pelos deuses, julgando que a miséria é só para os outros, corre atrevidamente atrás da ventura, como se os deuses fizessem exceções... Pois não

---

190 *(A)* [ ].

vedes,[191] que só caem das altas montanhas os que lá subiram? Miseráveis cegos! Miseráveis surdos! Ides ao encontro da felicidade,[192] como um rancho de pobres crianças correndo ao encontro de um cão danado, que as morde terrivelmente,[193] em vez de brincar com elas... Donde vêm os nossos sofrimentos? – Da saudade dos desejos realizados e da impossibilidade de realizar desejos... Estrangulemos, pois, os nossos desejos e viveremos quietos... Mas de que serve o estar eu a pregar, se tendes ouvidos de pórfiro? Mais me valera ir pregar para os desertos...[194]

Escutando à porta dos aposentos de Belkiss:

Nem o mais leve rumor... Se tivesse morrido, não estaria mais silenciosa... Costuma sonhar alto, mas esta noite ainda não lhe ouvi uma palavra sequer...

Estremecendo,[195] *dominado por uma ideia terrível*:

Quem sabe?[196]

Batendo à porta e chamando devagarinho:

Belkiss... Belkiss...

Batendo e chamando com força:

Belkiss!... Belkiss!...

---

191 *(A)* [ ].

192 *(A)* [ ].

193 *(A)* [ ].

194 Sequência mais prolongada na 1ª edição (10 pontos).

195 *(A)* [ ].

196 *(A)* [...].

Abre a porta e entra na alcova de Belkiss donde sai, pouco depois, como doido:

E eu que não me tinha lembrado disto! Está tudo perdido! Está tudo perdido!

Começa a amanhecer. Desgrenhada e pálida, os olhos cheios de lágrimas, Belkiss sai dos aposentos onde passou a noite, trazendo na mão a lâmpada apagada. Zophesamin esconde-se no vão de uma porta.

BELKISS
olhando para o chão com olhos de terror:
Oh! Oh! As açucenas estão cheias de sangue!

XV
EPÍLOGO

– No palácio real de Sabá. Uma pequena câmara completamente escurecida pela nuvem que continua em volta do palácio. Pelos cantos, em trípodes de bronze, ardem lâmpadas de argila. Ao fundo, a porta da alcova onde Belkiss agoniza[197]*. O pequenino príncipe David está sentado no chão, ao pé de Zophesamin.*

ZOPHESAMIN
Não queres ir passear?

DAVID
Não, amiguinho, não quero sair daqui…

ZOPHESAMIN
É singular... Estás sempre pronto para sair e só hoje é que te deu para ficar no palácio. Por que não queres tu sair?

DAVID
muito devagarinho:
Não fales tão alto que podes acordar a mãezinha... Não quero sair sem falar com ela... Quando é que teremos sol?

ZOPHESAMIN
Amanhã...

---

197 *(A)* "está agonizante".

DAVID

Todos os dias me dizes: amanhã... Afinal os dias vão passando e o sol nunca chega... Também... não me faz falta... Estou tão acostumado a esta escuridão[198], que, quando saio e vejo o sol, volto sempre com os olhos a arder... Há muito tempo que esta nuvem cobre o palácio?

ZOPHESAMIN

Há nove anos... Desceu sobre o palácio um ano antes de tu nasceres...

DAVID

Sabes, amiguinho?... mas não digas nada a ninguém... a mãezinha quer fugir da gente...

ZOPHESAMIN

Por que dizes isso?

DAVID

Quando está acordada,[199] chama-me para o pé de si e dá-me uns beijos e uns abraços de quem está para fugir.

ZOPHESAMIN

Está sossegado... a mãezinha não nos deixará...

DAVID

Por que será que a mãezinha está sempre a chorar?

---

198 *(A)* [ ].

199 *(A)* [ ].

ZOPHESAMIN

Porque está doente... mas daqui a pouco, verás, ficará boa e deixará de chorar...

DAVID

Por que será que toda a gente olha para mim com olhos tristes?

ZOPHESAMIN

Não ficam tristes quando te veem... Andam sempre tristes por causa da doença de tua mãe...

DAVID

Não é isso, não, amiguinho... Andam alegres,[200] mas ficam tristes quando me veem...

ZOPHESAMIN

Vai dormir um bocadinho... Deves estar com sono... Levantaste-te muito cedo e passaste toda a noite às voltas...

DAVID

Tenho medo que a mãezinha fuja enquanto eu estou a dormir...

ZOPHESAMIN

Não tenhas medo... Não tenhas medo... Ficarei ao pé dela... Quando ela acordar, irei chamar-te...

DAVID

Prometes?

---

200 *(A)* [ ].

ZOPHESAMIN

Prometo... vai descansado...

David parte. Momentos depois entra Horsiatf.

HORSIATF

Como está Belkiss?

ZOPHESAMIN

Creio que se aproxima a grande hora... Está a dormir desde ontem,[201] e receio bem que não desperte mais...

HORSIATF

Melhor fora que só acordasse na outra vida...

ZOPHESAMIN

Melhor fora que não tivesse nascido...

HORSIATF

Só com uma grande alma se pode sofrer o que ela tem sofrido há nove anos…

ZOPHESAMIN

Há plantas que não medram nos climas frios e almas que não são para este mundo. A alma de Belkiss era dessas... Sofreu como uma palmeira levada para as terras do gelo...

HORSIATF

Algumas vezes, cheguei a duvidar da tua sabedoria, mas agora é que vejo que tinhas razão, que tiveste sempre razão.

---

201 *(A)* [ ].

ZOPHESAMIN

A vida e a morte de Belkiss serão um grande exemplo, uma aterradora prevenção para todos os insensatos que não sabem ler o próprio destino no destino dos outros... Cada um dos nossos semelhantes é um espelho que Ámon nos deu para nos vermos e acautelarmos; mas nós, miseráveis que nós somos! Em vez de nos mirarmos com vagar, fechamos os olhos! Somos como os elefantes,[202] que turvam as águas claras onde vão banhar-se,[203] a fim de não verem a sua fealdade... Olhamos para todos os lados, corremos todos os países e o que encontramos – doenças, melancolias, saudades, ódios, humilhações, desesperos... Tudo nos diz que Ámon faz governar este mundo por uma rainha: a Desgraça! E todos queremos fugir à vontade de Ámon, como se a vontade divina não fosse absoluta, eterna, invulnerável e inexorável... Belkiss realizou o seu desejo, foi enleada pelos braços lisonjeiros de Salomão, mas, em paga, ficou com a alma em farrapos, nunca mais teve um instante de alegria, dir-se-ia que acumulou no coração todas as tristezas de todos os corações, e, para aliviar a sua dor, habituou-se de tal modo a chorar, que até chora a dormir...

Silêncio. Súbito, ouve-se um pálido murmúrio de vozes na alcova de Belkiss.

---

202 *(A)* [ ].

203 *(A)* [ ].

A VOZ DE BELKISS

A hiena... dizia... p'1a noite... estrelada…
Co'a voz... disfarçada... às filhas... dos reis…
Princesas... calcai... da mata... os tapetes...
Tomai... braceletes... medalhas... e anéis…
Ouvindo-a... a princesa... que estava... fiando...
Lá parte... cantando... p'la noite... serena...
Ó almas... enchei-vos... de funda... tristeza...
Chorai... a princesa... comida... p'la hiena...

A voz extingue-se lentamente. Começa a clarear.

ZOPHESAMIN

Dizem que algumas aves só cantam quando estão para emigrar... Repara, Horsiatf, a nuvem começa a tornar-se mais clara, mais transparente...

HORSIATF

Parece que está a amanhecer...

A VOZ DE BELKISS

Ó almas... enchei-vos... de funda... tristeza...
Chorai... a princesa... comida... p'la hiena...

David entra precipitadamente com os seus pequeninos olhos alucinados.

DAVID

Onde está a mãezinha? Onde está a mãezinha? Fugiu? Fugiu, não é verdade?...

ZOPHESAMIN
carinhoso:
Não, David... A mãezinha está ali e está melhor... Tem estado a cantar...

A nuvem vai-se desfazendo a pouco e pouco. A câmara começa a dourar-se e a luz das lâmpadas a empalidecer...

DAVID
Nunca ouvi cantar a mãezinha... Deve cantar muito bem... a sua voz é tão linda!... Oh! Oh! Oh! A nuvem vai-se embora... já vejo o sol!

Entrando a correr na alcova de Belkiss:
Mãezinha! Mãezinha! Lá vem o sol...

Ouvem-se os beijos de Belkiss nos cabelos de David.

Vestido à moda israelita, aparece um mensageiro.

O MENSAGEIRO
A rainha?

ZOPHESAMIN
A que vens?

O MENSAGEIRO
Venho buscar o príncipe David... Sou mandado pelo rei Salomão, que o quer junto de si,[204] para lhe transmitir a sua sabedoria incomparável.

---

204 *(A)* [ ].

ZOPHESAMIN
Quando desejas partir?

O MENSAGEIRO
Amanhã.

ZOPHESAMIN
O príncipe estará pronto.

O mensageiro sai do aposento.

HORSIATF
Ámon teve dó dela... Conservou-lhe o filho até à morte...

A VOZ DE BELKISS
Chorai... a princesa... comida... p'la hiena...

A voz apaga-se extenuadamente. Silêncio.

A VOZ DE DAVID
aflitivamente:
Zophesamin! Zophesamin!

Zophesamin e Horsiatf entram, precipitadamente, na alcova de Belkiss... O sol entra a grandes jorros pelas janelas. Da alcova real saem Ladiké e Hannah, debulhadas em pranto.

Explicit Belkiss[205]
Coimbra, 23 de julho de 1894.

205 (*A*) No fim vêm ainda as seguintes indicações: "Impresso a 21 Dezembro do mesmo ano; ED. F. Amado França, Coimbra".

POSFÁCIO
Belkiss, tragédia finissecular

Maria de Jesus Cabral

> "Quem quisesse resumir numa palavra a característica principal da arte moderna encontrá-la-ia, perfeitamente, na palavra *sonho*. A arte moderna é arte de sonho".
>
> Fernando Pessoa, *Páginas de Estética e de Teoria e Crítica Literárias*.

O nome e a obra de Eugénio de Castro (1869-1944) estão íntima e privilegiadamente associados às poéticas decadentista e simbolista finisseculares, espelhadas nas suas obras novecentistas[206], publicadas em anos-chave de viragem estética que preludia o "litígio das modernidades" – segundo a expressão de José Carlos Seabra Pereira (1989-1990, pp. 143-156).

É sem dúvida o poeta de língua portuguesa que mais se consagrou a relevar os desafios literários lançados desde Paris em época de "Crise de versos" – "preciosa, fundamental", tal como a definiu Mallarmé em passo decisivo do seu "Avant-Dire" ao *Tratado do Verbo*, de René Ghil (1886) –, ou seja, a revolucionar a poesia, do ponto de vista formal e linguístico.

206 A crítica divide habitualmente a obra de Eugénio de Castro em dois grandes momentos: o primeiro corresponde à fase "inconformista" e abarca a produção das coletâneas poéticas *Oaristos*, *Horas* e *Silva*, bem como os poemas dramáticos *Sagramor*, *O Rei Galaor*, *Belkiss*, *Tiresias*, *Salomé*, *O Anel de Polícrates* publicada na década de 1890; a segunda fase, comumente designada por "pós-simbolista", ou "neoclassicizante", abre com *Constança*, em 1900, logo seguida por *Depois da Ceifa*.

Naturalmente influenciado pela atmosfera de exemplar questionamento e mutação dos paradigmas literários e artísticos – numa perspectiva de *criatividade* mais do que de crise, em sentido estrito –, *inconformista* por temperamento e por escola[207], Eugénio de Castro desenvolveu várias obras que escapam a uma definição estreita de poesia, situando-se numa zona de fronteira em que a poesia se encontra com o drama. É disso exemplo a poesia dramática que desenvolveu, paralelamente aos seus poemas líricos oitocentistas– ou seja com pouco mais de vinte anos: *Belkiss* (1894), *Sagramor* (1895), *Tiresias* (1895), *Salomé* (1896), *O Rei Galaor* (1897) e *A Nereide de Harlém* (1897).

Belkiss foi desde logo traduzida em italiano por Vittorio Picca, sendo também a sua versão francesa, como aliás a de *Sagramor*, publicada em *Arte. Revista Internacional*, periódico coimbrão editado em 1896 por Castro e seu amigo Manuel da Silva Gaio. Se a simples enumeração dos títulos precedentes contrasta desde logo com o lugar periférico a que são habitualmente remetidos, parece-nos haver ainda dois aspectos que não mereceram a devida atenção crítica. O primeiro é o fato de o interesse e de a incursão de Eugénio de Castro pelo gênero dramático se desenvolverem concomitantemente à forte demanda de renovação teatral nos meios simbolistas franco-belgas, no sentido de romper com "o uso atual do teatro com fúria e magia frisada" (MALLARMÉ, 1998, p. 183). Ainda que as repercussões tenham sido modestas no panorama da

207 Ainda que a sua poesia evolua num sentido neoclassicizante, sobretudo a partir de *Constança* (1900), como o demonstrou Aníbal Pinto Castro interrogando a relação entre "tradição e inovação na poesia de Eugénio de Castro" (CASTRO, 1969). Citamos a partir deste artigo a própria afirmação do poeta, já no crepúsculo da sua vida literária, ao jornal *Acção*: "Fui um revolucionário e, pela ordem natural das coisas, estou reaccionário..." Idem, p. 30).

dramaturgia portuguesa, que permanece "enfeudada aos esquemas naturalistas" até parte significativa do século XX, como o observou Luís Francisco Rebello (1979, p. 82) na obra que dedica ao teatro simbolista e modernista, é de se observar o trilho que se cria no caminho da renovação do drama que será sequentemente levada a cabo por autores como António Patrício, Raul Brandão ou Almada Negreiros (cf. CABRAL, 2018, pp. 77-87). Por outro lado, tendo estudado a configuração do trágico de dimensão *interior* no primeiro teatro simbolista de Maurice Maeterlinck em paralelo com o projeto teatral de Mallarmé (cf. CABRAL, 2007) assente na tragicidade essencial e existencial do ser humano, fomos particularmente sensíveis aos jogos intertextuais que interligam a obra do dramaturgo belga e os quase desconhecidos poemas dramáticos do poeta português. Tentaremos mais à frente pôr em evidência algumas dessas afinidades, à luz de alguns trechos de *Belkiss*.

O Simbolismo operou um virar-de-rumo paradigmático em relação ao real, sendo que este apenas constitui uma passagem para uma dimensão interior, fonte de libertação da verdadeira natureza humana. Lembremos a forma concisa, mas convicta e programática, como Gustave Kahn enunciou essa mudança, em Setembro de 1886 na revista *L'évènement*, escrevendo: "A finalidade de nossa arte é objetivar o subjetivo (exteriorização da Ideia) em vez de subjetivar o objetivo (a natureza vista através de um temperamento)" (*apud* DELSEMME, 1964, pp. 3-4)[208].

208 Em termos bastantes próximos, Fernando Pessoa escreverá em *Páginas Íntimas e de Auto-Interpretação*: "A obra de arte, fundamentalmente, consiste numa *interpretação objectivada duma impressão subjectiva*" (1966, p. 77).

Deste postulado nasce uma absoluta convicção: a da existência de um mundo interior que é um *mistério* a desvelar, oposto à superficialidade imediata e estável, determinada em positividade; um mundo denso e complexo, móbil e impalpável, que, por isso, necessita de novas formas de expressão – de uma nova expressividade.

Ora, e contrariamente a um Mallarmé ou a um Maeterlinck, Eugénio de Castro não definiu nem desenvolveu um pensamento teórico em torno do teatro. Também não o podemos considerar um dramaturgo genuíno, nem sequer um autor dramático, uma vez que suas peças-poemas são pensadas como obras a serem lidas, não encenadas. No entanto, o seu universo poético "trágico, severo" e de "revelação profunda" como o sublinhou Silva Gaio (*in* CASTRO, 1927, p. 89), revela um substrato pessimista e melancólico que se acentua progressivamente nas obras da primeira fase. Também no "Preâmbulo da Segunda Edição" de *Interlúnio* (1894) o poeta reconhece em tom retrospectivo (o texto é escrito em 1911) o seu "conceito de vida fundamentalmente pessimista" e o "áspero niilismo [das] suas páginas", indelevelmente marcadas pela filosofia finissecular. Como observara já José Carlos Seabra Pereira, esta dimensão metafísica da obra de Castro assenta "numa visão radicalmente pessimista da vida, considerada má por essência", acrescentando que "quando não se identifica, desde logo, com uma *Weltanschauung* derivada de Schopenhauer e de Hartmann, a sua poesia aproxima-se dela pelo próprio padecer dos anos, sob o peso da 'má fatalidade' e adere a uma 'mundividência desesperada'" (PEREIRA, 1975, pp. 262-263). Manifestamente presente na obra de Eugénio de Castro, essa negação da Vontade aparece exemplarmente configurada nos seus poemas dramáticos.

Não bastassem as indicações cênicas detalhadas que precedem as falas, vemos que o texto de *Belkiss* se estruturou do ponto de vista da encenação, de maneira dramática, o que, ainda a nível dos elementos paratextuais, é confirmado pelo elenco das "*dramatis personae*". A sua escrita organiza-se em quadros – em ressonância com a maneira simbolista –, o que contribui para despojar o texto de convenções e de todo o aparato cênico-formal.

Tendo provavelmente em memória a *Hérodiade* de Mallarmé – cuja memória é por demais evidente –, mas também as princesas das peças maeterlinckianas, Eugénio de Castro cria Belkiss, uma personagem onde se confluem por uma "aliança agônica", segundo a expressão de Paula Morão (2000), quer a rainha de Sabá da tradição judaico-cristã[209], quer a *Bilqis* de matriz islâmica. Mas logo se afasta de todo esse referencial mitológico, para nos revelar uma heroína trágica, "toda vestida de medo", contaminada pelo tédio e "chicoteada pela ânsia do irreal e do misterioso", vivendo a profunda incapacidade de controlar a sua vida, qual objeto de uma trajetória existencial "de absurdo e anormalidades" na qual ela se viu lançada e donde não conseguirá libertar-se senão pela morte final.

A atmosfera é insistentemente difusa – Belkiss aparece muitas vezes comparada com um espectro ou uma sonâmbula –, refém das suas contradições. O seu discurso reticente, sugestivo do entediamento anímico que assola a sua existência, privilegia a forma do anacoluto.

À semelhança do teatro de Maeterlinck, a morte apodera-se sub-repticiamente das personagens e do diálogo – não raro truncado e "inútil" –, não apenas a morte, mas também esta nascida do amor, dois temas que frequentemente se

209 Segundo a Bíblia, esta surgiu do deserto liderando uma caravana de tesouros até à corte do Rei Salomão em Jerusalém.

cruzam na poesia de Castro "como um casamento na capela de um jazigo" ("A Pomba da Arca", *Horas*, 1891), mas fonte e rumor do "trágico interior" que sustenta o teatro maeterlinckiano[210].

Mas o que está, afinal, na origem dessa poesia dramática escrita sob o signo da fatalidade, que desvigora a vida e cria um universo de vertigem, de dor e até de loucura – no qual Belkiss, rainha de Sabá se encontra sintomaticamente aprisionada –, e de que só a morte a poderá libertar?

A tensão interior é permanente. Tanto quanto a Maleine de Maeterlinck, *Belkiss* fundamenta-se num "princípio invisível" em que o conflito não reside tanto no que é expresso pelas personagens, mas que se concentra naquilo que Mallarmé designou por drama latente – e que desqualifica o trágico na sua dimensão épica. O que então ganha corpo é o reverso da ação para o domínio interior, numa amarga experiência de solidão existencial. Belkiss afigura-se impotente no seu drama solitário: não sabe nem vê o que está por detrás da sua vida (ver CABRAL, 2010, pp. 77-95).

O predomínio de espaços misteriosos – a noite escura, a floresta de infinitos caminhos, nebulosos lagos e feras infernais, a própria visão esfacelada de homens que não são mais que "fragmentos de embarcações" (p. 115)[211] acentuam o sentimento de perda e de vulnerabilidade:

---

210 Lembre-se esta passagem seminal do *Tragique quotidien* (1896) «Il faut qu'il y ait autre chose que le dialogue extérieurement nécessaire. Il n'y a guère que les paroles qui semblent d'abord inutiles qui comptent dans une œuvre. C'est en elles que se trouve son âme. » [É preciso que haja outra coisa além do diálogo externamente necessário. Não há quase nada além das falas que primeiro parecem inúteis que contam em uma obra. É nelas que se encontra sua alma.] (MAETERLINCK, 1999, p. 492).

211 Todas as citações a seguir remetem para a presente edição.

> Sinto que vou despenhar-me num grande abismo ouriçado de cardos e piteiras, num abismo cheio de serpentes, e quanto mais quero parar, mais corro para lá... Sinto que é a desgraça que me empurra: sinto as suas mãos nas minhas costas... Sinto que se me vai partir o coração e não posso suportá-lo inteiro... Não posso... não posso, Zophesamin! (p. 111).

Tal como na tragédia de raiz clássica, a fatalidade é uma linha de força permanente. Mas não há mais lugar para os *topoi* da luta clarividente do herói, que cumpre um desígnio contra forças adversas divinas ou terrenas. Apesar de todos os obstáculos e provações, heróis, como Édipo, Fedra ou Antígona, restauram a ordem, cumprem um itinerário com sentido. Mas esta catástrofe (a *daimonia*) é assumida pelo herói. Lembremos a mítica Antígona que enfrenta Creonte, preferindo morrer a deixar seu irmão sem sepultura. Este conflito passional representa uma busca individual de felicidade, ainda que o desafio e o excesso (a *hybris*) faça pender o seu destino para a catástrofe. Em *Belkiss*, a fatalidade aparece inerente à existência, e o conflito é o que a divide no interior dela mesma. O seu dissídio entre dois mundos – o real e o ideal – também sugere duas forças antagônicas, um consciente e um inconsciente. A imagem da floresta ganha neste contexto uma forte conotação simbólica de espaço desconhecido e misterioso que simultaneamente atrai e aterroriza. É para lá, de fato, que a rainha é atraída, apesar das advertências de Zophesamin, seu preceptor. Não compreendendo tal atitude, este pergunta-lhe: "Que força te impele para aquela floresta donde todos fogem?", ao que Belkiss reponde, de forma tão simples quanto desarmante: "o terror… o mistério" (p. 63). Cria-se assim um ambiente delirante, alucinatório, como nesta floresta qual emaranhado selvagem de flora e fauna de coloração fantástica:

> ZOPHESAMIN
>
> Não faças tal... Há sítios onde o sol nunca entrou... E os lagos!... Não imaginas, Belkiss, como são aquelas águas... fazem medo aquelas águas doentes... São esverdeadas, límpidas e não se lhe vê o fundo... Foi lá que morreu teu irmão...
>
> [...]
>
> BELKISS
>
> Há feras na floresta?
>
> ZOPHESAMIN
>
> Muitas das mais temíveis... Pelo que ouvi, crescem lá umas árvores carregadas de serpentes, as víboras são aos milhares, e dizem que, pelas sombras, andam ranchos de catoblepas, que matam com o olhar, e de manticoras, animais medonhos e ferozes, que têm três fios de dentes... (p. 61-62).

A floresta aparece ainda associada às mais cruéis barbáries, como a incineração de corpos de crianças ("ao pé daquele bosque de Acácias, queimaram vinte crianças" (p. 47), tornando-se símbolo de morte e de uma natureza desnorteadora e perversa, que atrai o ser humano como um ímã para cruelmente o aniquilar. É desse cenário alucinatório que um pouco mais à frente sai em disparada uma personagem, a "Doida", que, julgando-se perseguida por um grupo de reis furiosos, "como se viesse perseguida por lobos" (*idem*, pp. 70), que a querem "levar para o fundo do lago" (p. 71), acaba por desaparecer deixando Belkiss presa pelos cabelos e encontrada na madrugada seguinte num sono profundo. Contrariando, porventura, as expectativas do leitor, o próprio poeta acaba por dar a interpretação da cena, como se de um sonho se tratasse:

> BELKISS
>
> Ah, como tu és mau, Zophesamin! Para que me acordaste? Estava a sonhar… e o meu sonho era tão lindo!... (p. 77).

A importância da interioridade, do sonho, o primado conferido à intuição e ao mistério cria afinidades evidentes com a concepção mallarmeana de teatro como *efeito* e não como "ilusão" – "despojado de mecanismos" – e impregnado de inconsciente. Em suma, diametralmente oposto à representação direta, objetiva ou descritiva, como o apontará Mário de Sá Carneiro no artigo "O Teatro-Arte" (1913). A distinção que aí propõe entre uma arquitetura exterior ou "carpintaria", e a arquitetura interior, que é alma, toca no ponto crucial de mudança paradigmática em relação à tradição da dramaturgia clássica. Assim, o que aos olhos do poeta de *Indícios de Oiro* fundamentalmente deve distinguir a "grande obra dramática" é o ambiente criado em torno da mesma: de maneira que nós temos a sensação nítida que a sua máxima beleza não reside nem nas suas palavras, nem na sua ação (arquitetura exterior), mas em qualquer outra coisa que não se vê: *uma grande sombra que se sente e se não vê*, sublinha, e que brota da obra dos grandes artistas – como acontece, a seu ver, com Shakespeare. E isso levá-lo-á a definir um "teatro-arte" em que a alma é a "garra de oiro" escreve – com o acento característico do seu idioleto poético.

A matriz simbolista de *Belkiss* manifesta-se logo na sua composição em quinze *quadros*, de extensão irregular e modos híbridos. Nela se conjugam de fato o diálogo dramático, o monólogo – veja-se como "Interlúnio"(V) polariza, na única fala de Belkiss, a sua vivência interior –, a descrição narrativizada que forma toda a parte XII ("A Chegada"). É interessante observar ainda como a certa altura a representação assume a perspectiva criada pelo sonho de Belkiss, o leitor assistindo ao episódio tenebroso que decorre na floresta sombria através da encenação "mental" da rainha que é bruscamente acordada por Zophesamin ("*Per Umbram*").

Para além do traje refinado, é decadentista a postura meditativa e evasiva da Princesa e, em contrapartida, a sua abertura à noite e ao infinito. O que fascina Belkiss em Salomão, que não conhece, é a ideia de sobre-humano que projetou nele e que alimenta a sua ânsia de além, as suas aspirações ao "novo" que transporta até à histeria mais excêntrica, até às alucinações mais atrozes, até aos instintos mais carnais que não consegue refrear, apesar de todas a advertências e conselhos do velho Zophesamin.

A dimensão trágica da cosmovisão simbolista acentuar-se-á gradualmente no poema, potencializada pela aura de mistério que o faz progredir da volúpia liminar à angústia e ao terror final. Esse crescendo está patenteado nos títulos, especialmente a partir de *Interlúnio* que toma a forma de um monólogo.

Belkiss aparece assim presa numa cerrada interrogação, entre o narcisismo estéril e solitário – leia-se o passo "Morrerei virgem!... [...] Florirei para regalo dos meus olhos..." (p. 57) que evidencia um intertexto claro com a Herodíade de Mallarmé – e a aspiração sensual, ou a ânsia de superar os limites – "Estas paredes não são minhas amigas... Quero desejar alguma coisa e não sei o que hei-de desejar... [...] Não posso aqui viver" (p. 58). Mais do que a relação entre corpo e espírito, resolvida no triunfo da vontade sensual, afirma-se aqui a atitude idealista da heroína decadentista – qual dândi feminino – que não pode satisfazer-se dentro dos limites impostos pela racionalidade. Assim, no final do seu monólogo, e como se acabasse de ressuscitar, a Princesa é dominada por uma série de pulsões fúnebres, consubstanciadas em visões de fogo e sangue, com laivos sobrenaturais: "E que lindo seria o incêndio visto por uma esmeralda... E os lagos cheios de sangue!... Como a noite correria depressa!... Correria a voar... a noite seria tão clara que ninguém daria pelo nascer do sol..." (p. 58).

O drama poético de Eugénio de Castro não perfilha, no entanto, a atmosfera de abstração pura ou de desmaterialização das personagens maeterlinckianas. *Belkiss*, toda ela vibrante de desejos de novas sensações – a mais viva das quais se projeta na figura desconhecida de Salomão –, atinge uma dimensão humana de impressionante fatalidade. Não é mais a mulher ideal, inatingível e fria, a trigueira de esfíngica beleza que desespera o poeta de *Oaristos*, mas uma figura complexa cuja origem mergulha no terreno movediço das emoções e do inconsciente, nas antecâmaras do ser moderno sobre o qual Freud se debruçava na mesma época. O que há de trágico em Belkiss é um sentido de solidão existencial resultante da sua busca desesperada de algo que transcenda a estreiteza de uma existência conformista, dominada pelo comum e pela rotina:

> Tudo o que me rodeia é baço, mudo, sem significação: aconteceu-lhe o que acontece aos anéis, que perdem o lavor com o uso, e às palavras que, por muito repetidas, ficam transformadas em esqueletos de ideias... (p. 63).

Polarizada entre sentimentos de vazio e de loucura, a sua inconformidade alinha-se com a inquietação metafísica e pessimista do poeta, lapidarmente configurada no "áspero niilismo de *Interlúnio*, prenhe" – como o reconhecerá o próprio Eugénio de Castro em 1911 (cf. CABRAL, 2015, pp. 96-105).

Os meandros do invisível nas últimas "cenas" ganham uma densidade especial, traduzida em sinais (premonitórios): a nuvem – que sombreia o palácio como um vulto ao longo da peça e cuja presença se torna obsidiante a partir do capítulo que a anuncia – é, no fim, negra e frigidíssima; os lírios parecem decapitados; acrescem os ruídos misteriosos, os presságios mórbidos postos na boca de Zophesamin, e o aparecimento do fantasma da rainha Isimkhib, mãe de Belkiss – no final do capítulo X, numa cena de tonalidade shakespeariana. Todos estes elementos convergem para a derradeira imagem das açucenas ensanguentadas, alegoria de como no universo dramático de Eugénio de Castro, e à semelhança do melhor teatro simbolista, o amor fatalmente desemboca na dor e na morte, inscrevendo-se na própria linguagem dramática, como acontece no primeiro teatro de Maeterlinck (cf. CABRAL, 2019, pp. 17-32). A voz da heroína – que preludiara o drama – extenua-se paulatinamente no fim. E é afinal o silêncio perturbador que vem desvelar o desfecho trágico de *Belkiss*, qual muro espesso de indiferença ao apelo aflitivo de David, que adensa a estranha atmosfera da peça.

Adaptando a Belkiss o intento do autor de *Oaristos* de dizer coisas novas por processos novos, contra o *status quo* da literatura portuguesa da época (como o confia Castro a Pinheiro Chagas), o radicalismo da heroína vem diretamente do poeta, do seu profundo horror do comum e da sua apologia do individualismo criador; um aristocratismo que não é apenas de escola ou de estilo, mas ressoa da mundividência característica da época, espécie de resgate anti-positivista (cf. PEREIRA, 1999, p. 520), resposta, quiçá, à agonia histórica do regime monárquico e aos anos particularmente "nevróticos" que antecedem a queda da Monarquia (MATTOSO, 1994, p. 331).

Do gosto pelo paradoxo dão conta expressões como "só amo aquilo de que mim foge" (*Sagramor*) ou a melancolia dorida de Belkiss, abanando a mão no ar "porque a [tem] presa" – dialogando quer com o "desejo absurdo de sofrer" de um Cesário Verde quer a "tísica d'Alma" de um António Nobre. Estamos, pois, perante uma escrita que é também reflexo de uma crise não só pessoal, mas epocal, quando os sistemas de referência (poéticos, artísticos, metafísicos e histórico-culturais) sofrem abalos profundos.

Servida por uma roupagem verbal ora suntuosa ora elíptica, mas sempre densa e sugestiva, *Belkiss* interpela um leitor ativo, e um encontro com uma *maneira* que não é um mero exercício de estilo, se procurarmos, por detrás, o fôlego, a vibração existencial, trágica, pulsante que lhe confere espessura. E aí, nesse movimento de busca e de ascensão, é dado um passo seguro no movimento de *inquietante estranheza,* no dizer de Freud, pelo qual "o reino da imaginação [será] dispensado da prova da realidade" (FREUD, 1985, p. 259).

Referências Bibliográficas

BARTHES, Roland. *O prazer do texto.* Lisboa: Edições 70, 1973.

BÍBLIA SAGRADA. Vários Tradutores. São Paulo: Editora Ave-Maria, 1998.

CABRAL, Maria de Jesus. "Almada poeta teatral. Um certo modo de dizer". In: VILA-MAIOR, Dionísio *et al. 100 Futurismo*. Viseu: Edições Esgotadas, 2018, pp. 77-87.

CABRAL, Maria de Jesus. *Lua farol dos cismadores*: Reler *Interlúnio* de Eugénio de Castro. *Revista Colóquio/Letras*. Ensaio, n.º 188, Janeiro de 2015, pp. 96-105.

CABRAL, Maria de Jesus. "Maeterlinck, le drame du langage (*d'*après Mallarmé)". In: CABRAL, Maria de Jesus; CORDEIRO, Cristina Robalo (dirs.). *Un Vase clos par son immensité même. Mélanges francophones sur l'œuvre de Maurice Maeterlinck. Confluências*. 22, Série belge. Coimbra : Imprensa da Universidade de Coimbra, 2019, pp. 17-32.

CABRAL, Maria de Jesus. *Mallarmé hors frontières. Des Défis de l'* Œuvre *au filon symbolique du premier théâtre maeterlinckien.* Amsterdam/New York : Editions Rodopi, 2007.

CABRAL, Maria de Jesus. *Uma grande sombra que sente e se não vê*: *Belkiss* nos trilhos da Literatura dramática simbolista. *Máthesis, Revista da Faculdade de Letras da Universidade Católica Portuguesa*, nº 19, Viseu, pp. 77-95.

CASTRO, Aníbal Pinto de. «Tradição e renovação na poesia de Eugénio de Castro», Coimbra, Biblioteca Municipal, 1969.

Castro, Duarte. *O simbolismo no teatro português (1890-1990)*, Instituto de Cultura e Língua Portuguesa, Lisboa, « Biblioteca Breve », 1991.

Castro, Eugénio de. *Belkiss, Rainha de Sabá, de Axum e do Himiar*. Edizione critica, traduzione e note a cura di Matteo Rei, prefazione di Maria de Jesus Cabral, in appendice: l'epistolario Vittorio Pica – Eugénio de Castro e altri documenti inediti e dispersi. Turim: Edizione dell'Orso, "Biblioteca Mediterranea", 2016.

Castro, Eugénio de. *Obras poéticas: Volume I: Oaristos – Horas – Silva*. Lisboa: Lúmen, 1927.

Castro, Eugénio de. *Obras poéticas: Volume II: Interlúnio – Belkiss – Tiresias*. Lisboa: Lúmen, 1927.

Delsemme, Paul. La querelle du cosmopolitisme en France – 1885-1905. *Actes du IVème Congrès de l'Association internationale de littérature comparée*, vol. I, Fribourg, 1964, pp.3-4.

Eco, Umberto. *Leitura do texto literário, Lector in fabula: a cooperação interpretativa nos textos literários*. Lisboa: Presença, 1979.

Freud, Sigmund. *L'Inquiétante étrangeté et autres essais*. Paris, Gallimard, 1985.

Maeterlinck, Maurice. *Œuvres I, Le Réveil de L'Âme, Poésie et Essais*. Édition établie et présentée par Paul Gorceix. Bruxelas : Éditions Complexe, 1999.

Mallarmé, Stéphane. "Crise de Vers". *Œuvres complètes,* vol. II. Paris: Gallimard, «La Pléiade», 2003.

Maspero, Gaston. *Histoire ancienne des peuples de l'Orient Classique – Les origines: Egypte et Chaldée*. Paris: Librairie Hachette, 1895.

Matangrano, Bruno Anselmi. *Águias, cisnes e vermes: O imaginário animal na literatura simbolista e decadentista*. São Paulo: Universidade de São Paulo (USP), 2019 (Tese de Doutorado).

Mattoso, José (dir.). *História de Portugal – Vol. 6: Antes de Portugal*. Lisboa: Círculo de Leitores, 1994.

Morão, Paula. *O feminino perverso em Salomé e outros mitos*. Lisboa: Cosmos, 2000.

Pereira, José Carlos Seabra. A condição do Simbolismo em Portugal e o litígio das modernidades. *Nova Renascença*. Coimbra: Universidade de Coimbra, 1989-1990, pp. 143-156.

Pereira, José Carlos Seabra. *Decadentismo e Simbolismo na Poesia Portuguesa*. Coimbra: Centro de Estudos Românicos, 1975, pp. 262-263.

Pereira, José Carlos Seabra. Eugénio de Castro e a Instituição literária. *Centenário da Publicação de Oaristos de Eugénio de Castro, Actas do colóquio de 7 a 9 de Novembro de 1990*. Ed. Jean-Marie d'Heur e René Poupart. Universidade de Liège e de Mons. Paris: Arquivos do Centro Cultural Gulbenkian, vol. XXVIII, 1999.

Pereira, José Carlos Seabra; Cabral, Maria de Jesus. *Capere, Non Capi*: Eugénio de Castro no contexto da "Internacional Simbolista". *Carnets*, Première Série 4, Numéro Spécial, 2012, pp. 263-273.

Pereira José Carlos Seabra. No centenário de *Oaristos*. *Revista Colóquio/Letras*, n. 113/114. Lisboa: Fundação Calouste Gulbenkian, Jan. 1990, pp. 67-88.

Pessoa, Fernando. *Páginas Íntimas e de Auto-Interpretação*. Textos estabelecidos e prefaciados por G.R. Lind e Jacinto do Prado Coelho. Lisboa: Ática Editores, 1966.

Rebello, Luiz Francisco. *O teatro simbolista e modernista (1890-1939)*. Lisboa: Instituto de Cultura Portuguesa, « Biblioteca Breve », 1979.

Rei, Matteo. "Belkiss: Eugénio de Castro e o fascínio do oriente antigo". In: Almeida, Catarina Nunes; Pinto, Marta Pachedo. *O Oriente em tradução: línguas, literaturas e culturas asiáticas no espaço luso*. Vila Nova Famalicão: Edições Húmus, 2017, pp. 103-115.

Sá-Carneiro, Mário de. O Teatro-arte (Apontamentos para uma crónica). *O Rebate*, 28 de Novembro de 1913.

Vermelho Marinho